牛散大学堂指定读物

吴国平
操盘手记
主力选股策略

第4版

吴国平◎著

浙江工商大学出版社
ZHEJIANG GONGSHANG UNIVERSITY PRESS

杭州

图书在版编目（CIP）数据

吴国平操盘手记.主力选股策略/吴国平著.— 4
版.— 杭州：浙江工商大学出版社，2021.7
ISBN 978-7-5178-4441-9

Ⅰ.①吴… Ⅱ.①吴… Ⅲ.①股票交易—基本知识
Ⅳ.① F830.91

中国版本图书馆 CIP 数据核字（2021）第 068412 号

吴国平操盘手记：主力选股策略（第 4 版）
WU GUOPING CAOPAN SHOUJI:ZHULI XUANGU CELUE（DI-SI BAN）

吴国平 著

责任编辑　唐　红
封面设计　新艺书文化
责任印刷　包建辉
出版发行　浙江工商大学出版社
　　　　　（杭州市教工路 198 号　邮政编码 310012）
　　　　　（E-mail: zjgsupress@163.com）
　　　　　（网址：http://www.zjgsupress.com）
　　　　　电话：0571-88904980　88831806（传真）
排　　版　程海林
印　　刷　北京晨旭印刷厂
开　　本　787mm×1092mm　1/16
印　　张　18.5
字　　数　195 千
版 印 次　2021 年 7 月第 1 版　2021 年 7 月第 1 次印刷
书　　号　ISBN 978-7-5178-4441-9
定　　价　58.00 元

一位粉丝读《吴国平操盘手记》有感

在中国乃至世界，尽管有关资本市场技术策略的各类专业书籍并不少见，但读罢吴国平老师的书，我感慨万千。吴老师在阐述有关股票交易投资的理论和知识时，既没有过多使用生涩难懂的技术化术语，更没有摆各种令人望而生畏的数理模型，而是结合自己操盘中的成功做法，将选股之道和专业技术知识生动地展现出来。在阅读的过程中，我不时发现一些闪烁着深刻哲理的精辟论断，这些都发人深省。这是一套不可多得的好书，在这套书里，吴老师带着投资家的金融哲学思辨、丰富的实践感悟，用生动细致的释义和鞭辟入里的分析，破译了资本市场操盘手的策略密码，掀开了股市操盘的"盖头"，让普通股民学到很多在其他书中学不到的宝贵经验。如果说别人讲的是炒股技巧，这套书讲的则是博弈资本市场的大智慧。

资本市场是一个需要经验的行业，吴老师在股市博弈了二十余年，其前瞻性，经验、技术、睿智，以及理性思考，一定会给粉丝启迪和帮助。

一位默默支持吴国平的粉丝

希望我们成为你在证券市场最好的引路人

这套书的价值就在于我们将操盘的流程——选股、建仓、拉升、出货拆分成不同的部分，分享给大家，同时又强调综合运用和全局运作。每个流程都采用讲重点与说案例相结合的形式，将我们操盘的经验总结展现出来。

再次修订出版，我们期待将这套书打造成经典中的经典。对于新读者而言，其价值非常突出；对于老读者而言，更多的是一种温故知新。如果你愿意静下心来细细品味，那么，有所收获是必然的。

为了让更多读者能够更好地理解书中的内容，我们结合了市场各种工具的变化，做了新的尝试和突破。名师指导可以帮助大家更好地吸收书中的内容，完成蜕变。我知道，很多读者都希望作者能够亲身授课，以便自己能好好体会。互联网新时代为我们提供了这种可能，线上视频教学就是我们未来给大家提供的增值服务。

现在自媒体令内容传播更快速、更广泛，我们也开辟了新天地。

未来，我们将把原来在线下各知名学校，比如中欧国际工商学院、中国人民大学、浙江大学、广东金融学院等开设的高价课程内容搬到线上，价值几万元的课程内容将转变为几千元或几百元，甚至免费。我们将开辟网络视频教学，围绕我们的书籍和市场最新动态阐述知识点，为读者做好增值服务。

这套书本质上是教材，虽然书中不全是最新的案例，但我们在修订时已经增加了不少。以前的经典案例对于理解、吸收知识点不构成任何障碍，再结合网络视频教学上的最新案例，以及讲解和点拨，你必然会获得思想上的突破。所以，不论老读者还是新读者，在学习的过程中加入到我们的视频学习中来，你将更好地提升自己。书是静态的，我们的视频教学是结合市场动态的，其中的价值，你可以想象得到。

不论你是新读者还是老读者，只要认购了这套书，我们都将免费送你一集线上视频教学课程。如何获得免费线上视频教学课程？添加好"吴国平财经"微信公众号，按照微信公众号栏目提示即可获取。

"吴国平财经"隶属我们的牛散大学堂。牛散大学堂的目标是：打造最牛的金融文化分享平台！这套书是敲门砖，一块敲开证券市场本质的砖，希望我们成为你在证券市场上最好的引路人……

吴国平

股威宇宙创始人

牛散大学堂校长

拥有一个盈利系统，你就能撬动整个世界

很多投资者问，什么是盈利系统，怎样才能构建适合自己的盈利系统。在我看来，一个有价值的盈利系统可以指导我们研判市场、挖掘战机、控制风险和把握实战，而一个充满生命力和创造力的盈利系统可以进行有限浓缩和无限扩展。我的投资理念很朴素，也很简单，概括起来就九个字：提前、深度、坚持、大格局。我希望，融合了我的金融文化的盈利系统能像一棵永远从资本市场汲取养分的常青树，它的根可以扎得很深，它的枝叶可以长得很繁盛。从"吴国平操盘论道五部曲系列丛书"、《150万到1亿》、炒股"短线金手"丛书、"吴国平实战操盘大讲堂系列"，再到现在这套《吴国平操盘手记》，我可以骄傲地说，我的盈利系统不仅是有价值的，而且是有生生不息的活力的。

我喜欢天马行空地想象，因为敢于想象，我的思维变得更加活跃。我思考问题，往往不喜欢仅仅停留在表面，而喜欢往深层次去挖掘，

让自己融入其中，进行思考。这一点如果放到资本市场上来说，那就是：很多时候，我们不能仅仅着眼于表面的波动，还要融入其本质层面去感知。对于大盘，需要用各种深入的思考来综合验证判断；对于个股，则要深入其内在去感知分析。不过相同的是，一定要清楚主力运作资金的想法。

我们有操作大资金的经验，操盘时，我们的条件反射之一就是——市场主力资金到底在想什么。我们会试着融入其中去思考，接下来最可能出现的市场走势到底是什么。

这套书就是基于主力操盘的角度写成的，从微观的选股、建仓、拉升、出货，再到宏观的全局运作，均有论及。值得注意的是，其中的内容不仅是之前系列丛书思想体系的延续和扩展，而且是不同知识体系围绕主力操盘这个核心进行全方位碰撞后的结晶。我的想法是，如果能参透主力资金运作时投资标的的选择、建仓吸筹蕴藏的战机、强力拉升的节奏和悄然出货的风险，最后还能从全局运作的角度统筹整个操盘周期，那么一切就会变得很有意思，成功的概率也必将随之大大提高。事实上，在大资金项目运作的操作中，我们就是融入了这些体系，很多东西都来源于大量的实战总结。在大规模资金作战的道路上，我们已经积攒了相当多的经验，我们需要做的就是坚定信心，不断前行，做到极致，创造奇迹。我们致力于将资产管理和金融文化完美结合，并推动其向前发展，书籍就是我们金融文化很好的表现形式之一。

路漫漫，我们将坚定地走下去。我们想将这套书献给所有对资本市场感兴趣的投资者。我们希望，在推动中国资本市场成为第二个华尔街，甚至超越华尔街的大趋势中有我们的身影；同时，更有很多深受我们启发和影响的群体的身影。这套书，就是我们思想的重要体现，愿实现有缘人心中所想。

在此，非常感谢为打造经典中的经典付出劳动的学生。我想，如果没有他们的辛勤协助，这本书的再版速度不会那么快。还有，感谢我的粉丝们，因为你们坚定的支持，我才有了更大的动力。同时也感谢为这套书的出版付出辛勤劳动的编辑。经典中的经典，离不开每一个为此付出的人！

最后，欢迎有想法的读者来信与我们交流，邮箱为：wgp168@vip.163.com；也可以直接在我们的微信公众号"吴国平财经"的后台留言，说出你的感悟。我们的不断前行需要大家的建议、鼓励和支持！世界很美好，未来很精彩，期待每个人都拥有精彩的人生。拥有一个盈利系统，你就能撬动整个世界！我坚信！

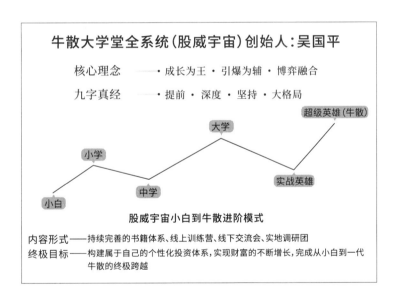

牛散大学堂的股威宇宙

重新定义你的操盘体系

很多人一直苦于找不到合适的提升自我的系统课程。他们在付出相当多的精力后却发现，大部分提升自我的系统课程都只包含一招半式，充其量也只算系统的一部分，没有整体性。正因为不能全面武装自己，所以，"韭菜"在股民中依旧是大多数。

不过，不要紧，我们来了，我们来帮你构建交易系统。牛散大学堂的股威宇宙系统就是为了实现这样的目标而搭建的，从小白到牛散的全套体系帮助你逐步成长。

我们的底气在于，我们自己就是从小白一路成长起来的，并且一直从业于资产管理一线，所以我们深知市场中的一线人群最需要什么样的素质和技能。鉴于未来的中国资本市场将趋于专业化和成熟化，投资者确实应该趁现在提升自我。只有提升自我，投资者才能更好地适应资本市场。我们的股威宇宙——牛散大学堂全系统，或许就是你最好的选择。

牛散大学堂全系统（股威宇宙）

创始人：吴国平

核心理念：成长为王、引爆为辅、博弈融合

九字真经：提前、深度、坚持、大格局

股威宇宙的构建

①我们的内容由强大的分析师团队打造。我们的团队成员虽风格各异，但无不经验丰富，自成一派。我们不做纯理论派，而是用实战经验主导，取经典解读辅助，以众家之长补充，力图打造理论与实践高度融合的精品教程。

②股威宇宙从小白到牛散共分为六个不同的阶段，学员或者读者可以根据自身情况选择学习阶段，以及相应的书籍和线上训练课程。

③除了书籍体系和线上课程体系，上市公司实地调研游记也是牛

散大学堂实战的衍生品，属于"实战英雄"或"超级英雄"课程，其中的世界很精彩，充满乐趣和惊喜。通过与上市公司管理高层对话，我们可以了解企业的真实情况，感受什么叫"功夫在诗外"，别有一番风味。

④我们的内容来源于实战经验，但通过后期的认真总结，它们又高于实战经验。一切内容都是为了帮助读者完善自身交易系统。

股威宇宙小白到牛散进阶模式

①"小白"，指对金融市场有兴趣，但没有实际接触过金融市场的人群。这个群体既没有实战经验，也没有理论基础，甚至对K线、盘口信息等基础知识也只是一知半解，属于资本市场的潜在参与力量。

②"小学生"，指对基本的概念有一些了解，刚入市，还没经历过市场洗礼的人群。这个群体能看到盘面的基础信息，也知道基本的交易规则，但一些具体的信息，例如成长股的概念、个股涨停背后的逻辑、技术波浪理论等都还属于他们的未知领域。

③"中学生"，指对概念较为了解，开始清楚K线形态，并掌握一些技术分析方法，自我感觉还不错的人群。这个群体入市时间不长，初出茅庐，踌躇满志，开始接受市场的残酷洗礼，初步感受到了资本市场的机会和风险。

④"大学生"，指有一些自己的分析方法的人群。但总体来说，他们的分析方法零零散散，还没有形成一套完善的研判体系，并且还不太懂得如何融合运用诸多分析方法。他们需要更贴近市场以把握市场的本质，从而进入到一个新的自我提升阶段。

⑤"实战英雄"，指开始知道如何融合运用基本面和技术分析的投资方法，对交易的心理博弈也开始有所体会的人群。这个群体需要通过反复实践，感知市场的博大精深，真正理解"成长为王、引爆为辅、

博弈融合"的含义，认清市场的本质，渐渐进入赢家的行列。

⑥"超级英雄"（牛散），几乎代表了个人投资者的最高水准。他们的投资理念、操作风格、投资偏好各有不同，但都无一例外是市场中极少数的大赢家，他们创造了一个又一个的财富增长神话。各路牛散各有千秋，但他们也有相同点：他们善于抓住市场机遇；在经历过大风大浪之后，他们的投资心态依然十分稳定；在起起落落中，他们能不断汲取养分，使得自己的交易体系不断跟随市场进化。

股威宇宙的特点

系统性教学，明确的进阶模式，适合所有人群。

学习阶段、目标和成果的量化。每一阶段，我们都会让你清楚地知道你能收获什么！

检验出真知。每一阶段的学习都搭配练习，检验结果是最好的标准。

一线从业人员和牛散提供技术支持，你将有机会与他们进行线上或线下的互动。

投资体系阶梯式建立，由点成面，从无招到有招再到无招。

用心学习，小白终会成为一代牛散。

最后，博弈未来新牛市，路漫漫，坚定行。当下，我们牛散大学堂将携手更多朋友，努力创造下一个奇迹和辉煌。我们的牛散大学堂，我们的股威宇宙，从1亿元估值起步，开启未来无限可能。欢迎看好我们的朋友们加入我们！未来证券市场，因有我们而变得更精彩！

吴国平

股威宇宙创始人

牛散大学堂校长

01 目标标的的选择思路

02　主力眼中的标的选择

03　主力如何挖掘投资价值

04 价值误区

05 标的选择的主力思维案例

01

目标标的的选择思路

基本面选股思路剖析

什么是基本面分析？研究的标的是什么？我曾一度以为基本面分析就是利用一些宏观经济数据分析股票市场。然而，随着时间的推移，随着接触面与学习面的逐步扩大，我才发现，基本面分析博大精深，研究的范围可以扩展到所有可以利用的宏观经济数据。例如，国际期货与外汇的一些重要政策数据，进一步来说，其实就是商品期货与外汇市场的分析。而这两个方面包含的范围是极其广泛的，几乎所有可以交易的物品都可以纳入这两个方面的范畴之中。因此，了解了这一点后，我们就能理解股指期货分析本质上就是股票市场分析的进一步深入而已。

其实，只要你能够利用已经发布的一些宏观经济数据以及政府政策导向，比如经济增长的走势预期、整个国家甚至全球的政策导向（这看似十分繁杂，我们没有必要面面俱到，但至少一些主要经济体的政策方向，我们还是需要大致把握的，比如美国、日本及欧洲国家的政策与经济数据还是值得我们参考的），你就具备了基本面分析的前提。在此基础上，只要你能够不断地学习与总结，较为深入地了解基本面分析，形成一套属于自己的盈利系统，并不断地验证与完善它，一切就将变得不再复杂。毕竟，通过总结，我们发现很多经济周期的规律基于人的心理波动规律，大自然的基本规律也对研究经济周期的规律有一定借鉴意义。

基本面分析的三个重要步骤

那么，面对繁复的基础性因素，我们怎么进行品种的剖析呢？首先，不妨看看基本面分析的三个重要步骤：

①整体的宏观经济调控；

②整体板块及行业动态分析；

③上市公司自身的标的。

这是由大到小、循序渐进的大格局观的体现，虽然这三点字数不多，但可谓字字含金。在刚开始学的时候，我有点不以为意，但随着更加深入地学习和了解，我渐渐发现，这三点是前人的智慧在基本面分析上的结晶，其意蕴博大精深。

决定股价变动的基本因素

所谓基本面分析，是指对影响股票市场走势的一些基础性因素的状况进行分析，从而把握决定股价变动的基本因素，这是股票投资分析的基础。

其在传统意义上主要包括以下几个因素：

政治因素

指对股票市场发生直接或间接影响的政治方面的原因，如国际的政治形势、政治事件、国家之间的关系、重要的政治领导人的变换等，这些都会对股价产生巨大的突发性影响。这也是基本面分析中应该考虑的一个重要方面。

上面关于基本面分析方法的传统解释虽然经典，但对不是专门研究基本面的广大投资者来说，还是较难把握的。尽管如此，基本面分析思路的剖析对我们还是相当有必要的。因为市场上的主力，尤其那些规模庞大的公募基金，即所谓的"国家队"选择标的品种时，非常注重选择基本面较好的标的品种。所以，我们要研究市场上这些绝对主力的操盘思路，善于把握基本面是一个重要的前提条件。也就是说，能对市场基本面整体的方向有大致的了解，就意味着我们对市场上主力动态的研究有了一个精彩的开始。

宏观经济状况

从长期和根本上看，股票市场的走势和变化是由一国的经济发展水平和经济景气状况决定的，股票市场的价格波动也在很大程度上反映了宏观经济状况的变化。从国外证券市场的历史走势中不难发现，股票市场的变动趋势大体上与经济周期相吻合。经济繁荣时期，企业经营状况好，盈利多，其股票价格也在上涨；经济不景气时，企业收入减少，利润下降，其股票价格不断下跌。但是股票市场的走势与经济周期在时间上并不是完全一致的，通常，股票市场的变化有一定的超前性，因此股票市场的走向被称作宏观经济的晴雨表。

利率水平

在影响股票市场走势的诸多因素中，利率是一个比较敏感的因素。一般来说，利率上升，可能会将一部分资金吸引到银行储蓄系统里，从而减少股票市场的资金量，对股价造成一定的影响。同时，由于利率上升，企业经营成本增加，利润减少，也会相应地使股票价格有所下跌。反之，利率降低，人们出于保值增值的内在需要，可能会将更多的资金投向股市，从而刺激股票价格上涨。同时，由于利率降低，企业的经营成本降低，利润增加，也相应地促使股票价格上涨。

通货膨胀

这一因素对股票市场走势有利有弊，既有刺激市场的作用，又有压抑市场的作用。但总的来看，弊大于利，它会导致股市的泡沫成分增加。在通货膨胀初期，货币供应的增加刺激生产和消费，增加企业的盈利，从而促使股票价格上涨。但当通货膨胀到了一定程度时，将会推动利率上扬，从而导致股价下跌。

企业素质

对具体的个股而言，影响其价位高低的主要因素在于企业本身的内在素质，包括财务状况、经营情况、管理水平、技术能力、市场大小、行业特点、发展潜力等一系列因素。

大格局思路——全球宏观经济的研判

那么，并非专门研究宏观经济的我们，该从哪几个方向去把握基本面呢？这里给大家展示几点思路。

首先是从大到小到细微的思路，说白了，就是要有大格局的战略眼光，从全球的宏观经济着手。因为随着全球化的深入，中国资本市场与全球接轨的趋势越来越明显。全球宏观经济的波动使中国资本市场不能独善其身。虽然，有时因为某种因素的影响，全球宏观经济的波动与中国资本市场的波动不完全一致，但整体上还是同步的。所以，我们要先分析全球宏观经济，再分析中国国内的宏观环境。通过这样一个循序渐进的过程，我们的思路将更加清晰、明确。从全球的角度来分析问题看似繁复，但其实我们没有必要面面俱到，毕竟我们的精力有限，无法全盘研究。所以，一个暗含的思路就是抓住关键。这里的关键是什么？是美国、日本、中国以及欧洲的资本市场。它们就如同资本市场上的权重板块，从某种意义上来说，权重板块很大程度上决定了整体指数的走势，那么这些关键资本市场的基本面也就在很大程度上影响着全球宏观经济环境。

对于这些权重的基本面，我们应该"擒贼先擒王"。众所周知，美国的资本市场占据全球资本老大的地位，这告诉我们，在全球市场中美国是至关重要的。我们在基本面分析中需要抓住关键，擒贼先擒王，因为美国股市对我国股市的影响是不可忽略的。图 1-1 是 2004 年 6 月至 2009 年 10 月反映美国股市主要指标之一的道琼斯指数日 K 线走势图，图 1-2 是同期的上证指数走势图，图 1-3 是 2017 年 2 月至 2018 年 6 月的上证指数和道琼斯指数走势图。

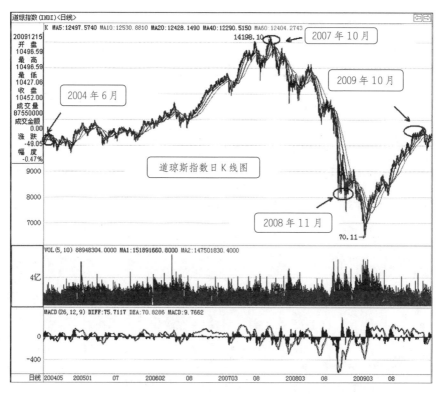

图 1-1 道琼斯指数 2004 年 6 月至 2009 年 10 月日 K 线走势图

　　将道琼斯指数走势图与我国股市上证指数走势图相比，我们会发现，尽管两者的走势不完全一样，但是它们之间存在的联动性还是会让人吃惊。

　　欧洲、日本虽然也是全球的两大经济体，但是在很大程度上会受到美国这样的超级权重板块的影响。美国的宏观经济走势直接影响其货币的波动，也就是美元指数的波动，而美元指数的波动对国际大宗商品会产生重要的影响，包括影响在欧洲进行交易的部分重要金属，如铜、铝等。

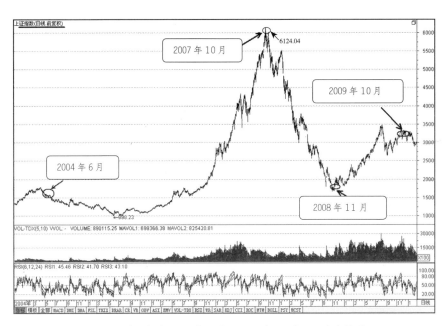

图 1-2　上证指数 2004 年 6 月至 2009 年 10 月日 K 线走势图

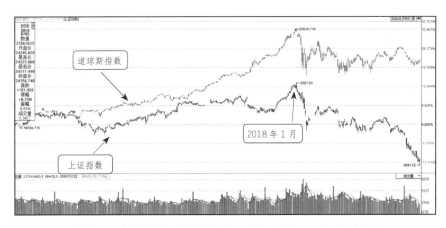

图 1-3　上证指数和道琼斯指数 2017 年 2 月至 2018 年 6 月走势图

图 1-4、图 1-5 分别为阶段性美元指数走势图与国际大宗商品伦铜电 3 同期走势图。

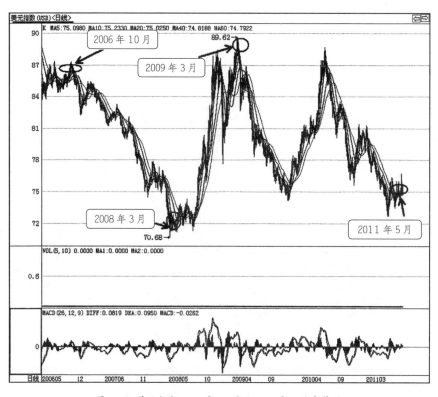

图 1-4　美元指数 2006 年 10 月至 2011 年 5 月走势图

　　对比美元指数走势图与伦铜电 3 同期走势图，我们不难发现，两者呈现出反向联动的关系。

　　另外，美元指数也对欧元指数产生了重要的影响。这就是全球格局的联动性影响，看似复杂，但我们只要大致把握了数据之间内在联动性的脉络，就能使整个情况从基本面剖析的格局中开阔起来。

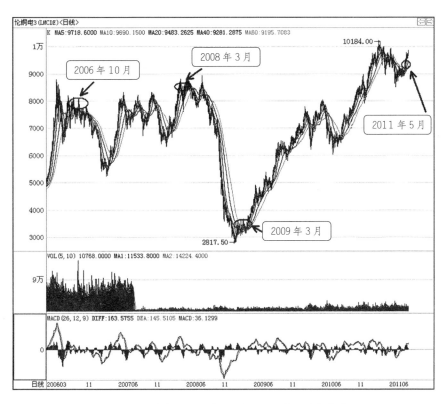

图 1-5　伦铜电 3 2006 年 10 月至 2011 年 5 月走势图

寻找主流板块行业的思路

　　要想从全球战略格局的角度剖析整个宏观经济环境，根据"由大到小"的剖析思路，接下来我们要做的就是对行业、板块进行剖析，也就是要找到市场上的热点"主线"。抓住市场上的"主线"很重要，下面，我们就来看看具体的操作过程。

　　首先，要根据国家政策导向选择主流行业板块。这点非常关键，毕竟中国的资本市场受政策影响还是较为明显的，应该跟踪市场主力资金的流向，主要是一些重要基金资金的流向，选择目标板块和行业。例如，2010 年，据基金的季报显示，大量的基金仓位配置在"喝酒吃药"及机械行业上。事实证明，2010 年的市场主线也是生物制药、酿酒、机械制造这几大板块。所以跟踪市场主力，寻找热点板块是一个相当有效的办法，具体可以参考行情软件 F10 中的股东研究、主力追踪栏目。但是有一点我们不可忽略，那就是这里的数据有明显的滞后性，而我们可以结合基金的配置情况进行研判（翻阅基金历年的仓位配置情况，尤其是一些知名的基金如华夏、广发、嘉实、易方达、博时等的配置，可看到各行业界限明显，每只基金的重点配置行业也都有所不同，其风格在不同的阶段也有所不同），来解决由此带来的问题。

根据由大到小、步步为营、层层推进的剖析思路，剖析好市场"主线"也就是所谓的热点板块之后，就是如何选择标的股票的问题了。虽然市场上股票看似繁多，但是只要我们有明确的选择标的的思路，就能化繁为简。

经历过命运多舛的 2010 年，相信我们大都有这样的感受——就算抓住了热点行业板块，我们也可能会做出不太正确的选择。因为行业板块中不同品种的走势依然有着强烈的反差，即强势行业品种分化相当严重。这种巨大的反差让我反思出，要选就选热点行业的以下几种股票：

①头股；

②唯一性（独特性）强的股票；

③成长性强的股票；

④符合未来国家政策扶持原则的股票。

只有这样，我们才能在真正意义上吃到大波段、大利润。

也就是说，运用了由大到小的模式，会让我们的赢面更大。道琼斯指数分析其实仅仅是这种思想的一种体现，具体到实战过程中，我们研究每个标的时，都要好好把握这样的思想，这样我们才能真正具有比较好的视野。

把握好主线、选对了品种之后，我们还要学会"微观"。股指期货是投机者的天堂，其本身的游戏规则注定会吸引一大帮投机分子。这里的超级短线交易者，其实大部分都是投机分子。既然可以投机，那么我们就要好好理解它。理解的目的不是要去做投机分子，而是通过理解更好地把握股指期货，做好套利者等角色。做好股指期货的微观分析，关键是要把握好分时图与闪电图的运用。我们不仅要懂得从宏观上把握问题，同时要懂得从微观中感受问题。股指期货提供了一个非常好的微观世界，可以让我们充分感受。在感受的过程中，每个人的能力都会有不同程度的提高，因为微观就是把问题放大了，帮助你更清晰地认识一些问题。

做基本面分析时，首先，要分析公司面临的市场状态和它的竞争能力。营业额的增长前景取决于需求增长的状况，但公司的管理也必须保持在较高的水平上。其次，要分析公司的研发水平。一家公司财务稳健的最根本保证，就是能够不断开发出保证相当利润率的新产品线，而这直接取决于研发活动的水平。最后，就是要分析公司的成本与收益状况。我们看中的是企业长远的盈利能力，应追寻那些净利润率持续高于行业均值的公司。因为投资利润率过低的公司，是绝对无法获得最高的长期利润的。

上市公司分析

以上是面的分析，现在我们由面到点，层层推进。

由面到点，就要具体到标的上市公司。对一家上市公司进行分析时，投资者首先要分析的就是公司所处的行业以及公司以何种战略在行业中保持竞争优势。价值投资评估的是企业，而业务分析无疑是企业评估的起点。进行业务分析时必须要解决的三个问题是：企业业务是否具有长期稳定的特征，企业业务是否具有经济特许权，企业经营是否具有长期竞争优势。具有长期稳定的业务是企业成功的基础。

要解决上述问题，首先要进行上市公司财务指标分析。会计报表分析是以会计报表为根据，对企业的偿债能力、盈利能力和企业成长性所做出的分析。分析会计报表是为了评价企业的财务状况和经营成果，揭示企业在生产经营活动中存在的矛盾和问题，为改善经营管理提供方便和线索；预测企业未来的报酬和风险，为投资者、债权人、经营者的决策提供科学有效的帮助；检查企业预算的完成情况，考察经营管理人员的业绩，为完善管理机制提供帮助。

偿债能力分析

企业的偿债能力是指企业用其资产偿还长期债务与短期债务的能力。企业有无支付现金的能力和偿还债务的能力，是企业能否生存和健康发展的关键。反映公司偿债能力的指标主要有以下四个。

◇流动比率（见图 1-6）

流动比率＝流动资产 / 流动负债。一般认为，流动比率若达到两倍，是最令人满意的。若流动比率过低，企业可能面临着到期偿还债务的困难；若流动比率过高，又意味着企业持有过多的不能盈利的闲置流动资产。

【资产与负债】

财务指标(单位)	2011-03-31	2010-12-31	2009-12-31	2008-12-31
资产总额(万元)	339907.62	306171.90	311939.97	290506.27
负债总额(万元)	254405.35	223107.42	231551.90	211508.53
流动负债(万元)	249126.72	217529.18	216515.01	193940.69
长期负债(万元)	-	-	-	-
货币资金(万元)	58907.06	42534.58	51106.54	47356.69
应收账款(万元)	79266.70	58288.70	56091.78	58473.14
其他应收款(万元)	6899.89	4221.77	4298.85	5773.11
环账准备(万元)	-	-	-	-
股东权益(万元)	80612.97	78263.15	75129.99	74129.00
资产负债率(%)	74.8400	72.8600	74.2200	72.8063
股东权益比率(%)	23.7100	25.5600	24.0800	25.5170
流动比率	0.8572	0.8162	0.8363	0.7942
速动比率	0.6619	0.5768	0.5742	0.5638

> 流动比率＝流动资产 / 流动负债。一般认为，流动比率若达到两倍，是最令人满意的

图 1-6　流动比率分析图

◇速动比率（见图 1-7）

速动比率又称酸性测验比率，是指速动资产对流动负债的比率，它反映企业短期内可变现资产偿还短期内到期债务的能力。一般认为，速动比率 1∶1 是合理的，速动比率若大于 1，企业短期偿债能力强，但获利能力将下降；速动比率若小于 1，企业将需要依赖出售存货或举借新债来偿还到期债务。

【资产与负债】

财务指标(单位)	2011-03-31	2010-12-31	2009-12-31	2008-12-31
资产总额(万元)	233568.52	229615.03	177233.91	144131.68
负债总额(万元)	141513.49	144771.49	92042.24	59355.04
流动负债(万元)	85265.21	103423.73	55650.35	53344.83
长期负债(万元)	–	–	–	–
货币资金(万元)	30610.47	27206.58	24058.43	13031.74
应收账款(万元)	3431.42	3570.21	4338.58	3716.33
其他应收款(万元)	2322.26	2141.76	1075.81	363.73
坏账准备(万元)	–	–	–	–
股东权益(万元)	88848.11	81512.49	92008.22	81604.92
资产负债率(%)	60.5800	63.0400	51.7000	41.1811
股东权益比率(%)	38.0900	35.4900	46.4000	56.6183
流动比率	1.2463	1.0779	1.3467	1.2749
速动比率	0.5328	0.4197	0.6047	0.6161

> 速动比率是流动比率的进一步深化，它反映企业短期内可变现资产偿还短期内到期债务的能力。一般认为，速动比率1:1是合理的

图 1-7　速动比率分析图

◇ 现金比率（见图 1-8）

现金比率是企业的现金与流动负债的比率。这里说的现金，包括现金和现金等价物。这项比率可显示企业立即偿还到期债务的能力。

【资产与负债】

财务指标(单位)	2011-03-31	2010-12-31	2009-12-31	2008-12-31
资产总额(万元)	2479971.71	2495332.56	948905.27	808888.15
负债总额(万元)	1191473.71	1284051.53	437132.99	296683.53
流动负债(万元)	557566.80	742348.34	385242.99	222143.53
长期负债(万元)	–	–	–	–
货币资金(万元)	436219.92	287856.14	119575.74	194627.81
应收账款(万元)	10449.73	9376.03	25427.72	4343.92
其他应收款(万元)	35245.46	14364.05	5306.95	4080.68
坏账准备(万元)	–	–	–	–
股东权益(万元)	1197638.14	1122550.70	302660.75	299558.33
资产负债率(%)	48.0400	51.4500	46.0600	36.6779
股东权益比率(%)	48.2900	44.9800	31.8900	37.0333
流动比率	1.5657	1.2740	1.5580	2.1867
速动比率	1.3003	1.0492	1.1068	1.5702

> 现金比率是速动资产扣除应收账款后的余额与流动负债之比，是流动比率与速动比率的更进一步的深化，在三者中最为敏感，最能反映企业直接偿还流动负债的能力。一般认为，现金比率在20%以上较好，但也不宜过高

图 1-8　现金比率分析图

◇ 资产负债率（见图 1-9）

资产负债率亦称负债比率、举债经营比率，是指企业的负债总额与全部资产总额之比，用来衡量企业利用债权人提供的资金进行经营活动的能力，反映债权人发放贷款的安全程度。

【资产与负债】

财务指标(单位)	2011-03-31	2010-12-31	2009-12-31	2008-12-31
资产总额(万元)	21127.31	21932.58	17058.97	16053.58
负债总额(万元)	5623.29	6644.80	6598.27	7856.62
流动负债(万元)	5296.89	6312.87	6023.69	7656.62
长期负债(万元)	-	-	-	-
货币资金(万元)	7542.54	10966.52	10946.48	9248.04
应收账款(万元)	4067.53	4002.34	1673.92	1111.61
其他应收款(万元)	512.65	851.48	172.24	235.05
坏账准备(万元)	-	-	-	-
股东权益(万元)	15504.02	15287.78	10460.70	8196.96
资产负债率(%)	26.6100	30.2900	38.6700	48.9300
股东权益比率(%)	73.3800	69.7000	61.3200	51.0600
流动比率	3.5550	3.1094	2.6563	1.9589
速动比率	2.5101	2.5166	2.1270	1.4599

> 资产负债率是指负债总额与全部资产总额之比,用来衡量企业利用债权人提供的资金进行经营活动的能力,在某种程度上也反映了企业向外借债的安全程度

图1-9 资产负债率分析图

盈利能力分析

盈利能力就是赚取利润的能力。一般来说,公司的盈利能力是指公司在正常的营业状况下赚取利润的能力。非正常的营业状况也可能会给公司带来收益,但这只是特殊情况,不能说明公司的能力。

反映公司盈利能力的指标有很多,主要包括每股收益、销售毛利率、净资产收益率、主营业务利润率等。

◇每股收益(见图1-10)

普通股每股收益也称普通股每股利润或每股盈余,由股份有限公司实现的净利润总额除以普通股股数所得。

该指标能反映普通股每股的盈利能力,便于对每股价值进行计算,因此被广泛使用。每股收益越多,说明每股盈利能力越强。影响该指标的因素有两个:一是企业的获利水平,二是企业的股利发放政策。

【历年简要财务指标】

财务指标（单位）	2011-03-31	2010-12-31	2010-09-30	2010-06-30
每股收益(元)	0.3300	1.1700	0.8300	0.6100
每股收益扣除(元)	—	1.1700	—	0.6121
每股净资产(元)	10.9300	10.6000	10.2400	10.0000
调整后每股净资产(元)	—	—	—	—
净资产收益率(%)	2.9916	11.0471	8.1138	6.1100
每股资本公积金(元)	4.9406	4.9406	4.9429	4.9422
每股未分配利润(元)	4.3688	4.0418	3.7676	3.5482
主营业务收入(万元)	283291.95	1378242.52	958468.56	698115.39
主营业务利润(万元)	—	—	—	—
投资收益(万元)	2004.36	6530.89	3855.84	2545.40
净利润(万元)	56157.06	201139.72	142687.08	106017.93

> 每股收益越多，说明每股盈利能力越强。影响该指标的因素有两个：一是企业的获利水平，二是企业的股利发放政策

图 1-10　每股收益分析图

◇销售毛利率（见图 1-11）

销售毛利率是毛利占销售收入的百分比，其中毛利是销售收入与销售成本的差。销售毛利率＝（销售收入－销售成本）/销售收入 ×100%。

销售毛利率表示每 1 元销售收入扣除销售成本后，有多少钱可以用于各项期间费用和形成盈利。销售毛利率是公司销售净利率的基础，没有足够大的毛利率便不能盈利。

【利润构成与盈利能力】

财务指标（单位）	2011-03-31	2010-12-31	2009-12-31	2008-12-31
主营业务收入(万元)	9732.85	38634.84	43267.64	63789.66
主营业务利润(万元)	—	—	—	—
经营费用(万元)	507.65	2013.12	1997.06	3198.05
管理费用(万元)	971.87	4621.57	5051.80	5209.53
财务费用(万元)	202.02	840.71	960.47	1267.70
三项费用增长率(%)	-9.75	-6.67	-17.22	-8.56
营业利润(万元)	45.57	279.14	-200.23	-51.13
投资收益(万元)	220.91	1822.29	1487.54	730.71
补贴收入(万元)	—	—	—	—
营业外收支净额(万元)	-0.22	48.49	1064.54	270.02
利润总额(万元)	45.35	327.63	864.31	218.89
所得税(万元)	7.28	-64.60	51.96	34.40
净利润(万元)	36.21	358.44	630.60	458.43
销售毛利率(%)	16.63	16.95	16.13	15.04
主营业务利润率(%)	0.46	0.72	-0.46	2.80
净资产收益率(%)	0.21	2.05	3.69	2.80

> 销售毛利率表示每 1 元销售收入扣除销售成本后，有多少钱可以用于各项期间费用和形成盈利。销售毛利率是公司销售净利率的基础，没有足够大的毛利率便不能盈利

图 1-11　销售毛利率分析图

◇净资产收益率（见图 1-12）

净资产收益率反映所有者对企业投资部分的盈利能力，又称所有者权益报酬率或净资产利润率。净资产收益率=净利润/所有者权益平均余额 ×100%。

净资产收益率越高，说明企业所有者权益的盈利能力越强。影响该指标的因素，除了企业的盈利水平以外，还有企业所有者权益的大小。对所有者来说，该比率越大，投资者投入资本盈利能力越强。

【利润构成与盈利能力】

财务指标(单位)	2011-03-31	2010-12-31	2009-12-31	2008-12-31
主营业务收入(万元)	61309.98	178075.44	123739.79	108640.56
主营业务利润(万元)	-	-	-	-
经营费用(万元)	9067.15	26368.35	18228.26	16318.42
管理费用(万元)	4278.73	14557.74	10956.01	9895.67
财务费用(万元)	1306.49	4781.01	4143.83	4553.44
三项费用增长率(%)	56.79	37.17	8.32	49.11
营业利润(万元)	4734.87	10011.87	7993.08	6951.10
投资收益(万元)	-	6.06	1052.66	10.23
补贴收入(万元)	-	-	-	-
营业外收支净额(万元)	55.39	1337.45	540.75	471.36
利润总额(万元)	4790.26	11349.02	8533.61	7422.46
所得税(万元)	1086.13	1947.46	1458.56	920.58
净利润(万元)	3696.87	9399.02	7006.72	6452.25
销售毛利率(%)	32.06	32.12	33.01	35.70
主营业务利润率(%)	7.72	5.62	6.45	-
净资产收益率(%)	2.82	7.42	9.80	9.62

> 净资产收益率越高，说明企业所有者权益的盈利能力越强。因此对所有者来说，该比率越大，投资者投入资本盈利能力越强

图 1-12 净资产收益率分析图

◇主营业务利润率（见图 1-13）

主营业务利润率是指企业一定时期的主营业务利润与主营业务收入净额的比率。它表明企业每单位主营业务收入能带来多少主营业务利润，反映了企业主营业务的获利能力，是评价企业经营效益的主要指标。主营业务利润率=主营业务利润/主营业务收入 ×100%。

该指标反映公司的主营业务获利水平，只有当公司主营业务突出，

即主营业务利润率较高时，才能在竞争中占据优势地位。

【利润构成与盈利能力】

财务指标(单位)	2011-03-31	2010-12-31	2009-12-31	2008-12-31
主营业务收入(万元)	297471.50	1246471.11	1138867.31	1064291.46
主营业务利润(万元)	-	-	-	-
经营费用(万元)	917.72	3706.57	3262.72	3558.96
管理费用(万元)	7338.88	44615.64	35955.77	36005.31
财务费用(万元)	7644.12	30970.68	38734.78	51792.75
三项费用增长率(%)	2.88	1.72	-14.67	34.94
营业利润(万元)	33097.40	119881.51	229466.18	26587.83
投资收益(万元)	-472.40	14170.25	60299.61	-8176.96
补贴收入(万元)	-	-	-	-
营业外收支净额(万元)	11647.47	77870.73	53663.10	106129.77
利润总额(万元)	44744.87	197752.24	283129.28	132717.60
所得税(万元)	10989.27	55158.54	51371.04	16328.61
净利润(万元)	28069.13	140374.04	200299.25	103462.51
销售毛利率(%)	17.39	15.67	26.16	13.05
主营业务利润率(%)	11.12	9.61	20.14	2.49
净资产收益率(%)	2.00	10.21	15.32	9.19

> 该指标反映公司的主营业务获利水平，只有当公司主营业务突出，即主营业务利润率较高时，才能在竞争中占据优势地位

图 1-13　主营业务利润率分析图

成长性分析

公司成长性分析的目的在于观察企业在一定时期内的经营能力发展状况。一家公司即使收益很好，但如果成长性不好，也不能很好地吸引投资者。成长性比率是衡量公司发展速度的重要指标，也是比率分析法中经常使用的重要比率，衡量它的指标主要有以下几种。

◇总资产增长率（见图 1-14）

总资产增长率，即期末总资产减去期初总资产之差除以期初总资产的比值。公司所拥有的资产是公司赖以生存与发展的物质基础，处于扩张时期的公司的基本表现就是规模扩大。

【经营与发展能力】

财务指标(单位)	2011-03-31	2010-12-31	2009-12-31	2008-12-31
存货周转率(%)	0.10	1.01	1.27	1.40
应收账款周转率(%)	1.78	13.00	23.82	18.97
总资产周转率(%)	0.09	0.64	0.56	0.58
主营业务收入增长率(%)	97.04	100.12	13.40	119.81
营业利润增长率(%)	163.87	209.24	88.69	34.48
税后利润增长率(%)	300.42	217.06	167.42	28.51
净资产增长率(%)	13.04	134.73	27.50	8.79
总资产增长率(%)	13.67	97.23	43.52	-7.39

> 公司所拥有的资产是公司赖以生存与发展的物质基础,处于扩张时期的公司的基本表现就是其规模扩大,总资产增长率自然也随之提高

图 1-14　总资产增长率分析图

这种扩大一般来自两方面的原因:一是所有者权益的增加,二是公司负债规模的扩大。关于前者,如果是由于公司发行股票而导致所有者权益大幅增加,投资者需关注募集资金的使用情况,如果募集资金还处于货币形态或作为委托理财等使用,这样的总资产增长率反映出的成长性将大打折扣;关于后者,公司往往是在资金紧缺时向银行贷款或发行债券,资金闲置的情况会比较少,但它受到资本结构的限制。

◇主营业务收入增长率

主营业务收入增长率,即本期的主营业务收入减去上期的主营业务收入之差再除以上期主营业务收入的比值。通常,具有成长性的公司多数都是主营业务突出、经营业务比较单一的公司。主营业务收入增长率高,表明公司产品的市场需求大,业务扩张能力强。

如果一家公司能连续几年保持30%以上的主营业务收入增长率,基本上可以认为这家公司具备成长性,投资者可适当关注。

◇营业利润增长率(见图1-15)

营业利润增长率,即本期营业利润减去上期营业利润之差再除以

上期营业利润的比值。

一般来说，营业利润稳定增长且占利润总额的比例呈增长趋势的公司正处在成长期。

【经营与发展能力】

财务指标(单位)	2011-03-31	2010-12-31	2009-12-31	2008-12-31
存货周转率 (%)	1.38	4.49	3.91	3.99
应收账款周转率 (%)	1.15	4.85	4.21	4.13
总资产周转率 (%)	0.24	0.90	0.74	0.66
主营业务收入增长率 (%)	5.87	23.63	-22.55	12.68
营业利润增长率 (%)	-32.84	268.89	107.52	-38.20
税后利润增长率 (%)	-28.47	202.64	112.48	-106.62
净资产增长率 (%)	3.00	4.17	1.35	-10.46
总资产增长率 (%)	11.01	-1.84	7.37	11.10

> 一般来说，营业利润稳定增长且占利润总额的比例呈增长趋势的公司正处在成长期

图 1-15 营业利润增长率分析表

我们分析营业利润增长率的同时，也应该与主营业务利润相结合，因为一些公司尽管年度内利润总额有较大幅度的增加，但主营业务利润却未相应增加，甚至大幅下降，这样的公司质量不高，投资这样的公司尤其需要警惕。这里可能蕴藏着巨大的风险，也可能存在资产管理费用居高不下等问题。

◇净利润增长率（见图 1-16）

净利润增长率，即本期净利润减去上期净利润之差再除以上期净利润的比值。净利润是公司经营业绩的最终结果。

【1.财务指标】
【主要财务指标】

指标\日期	2011-03-31	2010-12-31	2009-12-31	2008-12-31
净利润(万元)	1196.73	3173.74	1048.53	-8396.33
净利润增长率 (%)	-28.47	202.64	112.48	-106.62
净资产收益率 (%)	1.48	4.05	1.40	-11.29
资产负债比率	74.84	72.86	74.22	72.81
净利润现金含量 (%)	-614.29	275.34	-182.72	178.25

> 净利润的连续增长是公司成长性的基本特征，如其增幅较大，表明公司经营业绩突出，市场竞争能力强

图 1-16 净利润增长率分析图

净利润的连续增长是公司成长性的基本特征，如其增幅较大，表明公司经营业绩突出，市场竞争能力。反之，如果净利润增幅小甚至出现负增长，也就谈不上具有成长性。

上市公司报表粉饰的识别

随着上市公司造假事件频频曝光，现金流量表越来越受到投资者的重视。有人说，"利润是主观判断，经营性现金流才是客观事实"，甚至发出"现金为王"的感叹。其实，与会计利润一样，现金流量也可以操纵、美化甚至造假。

◇ 强盗式的现金创造

这种对现金流量的操纵是最直接、赤裸裸的造假行径，基本上不需要特殊的会计技巧。操纵者往往运用比较极端的非法手段对企业现金存量、现金流动情况进行凭空捏造。一是捏造现金资产，二是虚构经营业务。为了粉饰经营活动的现金流量，有的公司往往采取虚构经营活动、"做大公司蛋糕"的方式造成公司经营规模不断扩大、业务不断增长的假象。

◇ 欺骗性的现金流粉饰

在现金流量表的正表中，现金流量由经营活动产生的现金流量、投资活动产生的现金流量、筹资活动产生的现金流量三部分组成。而通过对这三部分现金流的组合分析，我们大致可以得出对企业发展状况的评价。为把投资收益列为经营活动收入，一些公司的财务往往把闲置的现金投入到有价证券投资中，当公司需要现金的时候，再把这些证券卖掉。对于普通的公司来说，这种经营活动并不是公司的主营业务，这种业务的收益应该作为投资收益列入投资活动产生的现金流量项目中。

◇技巧性的"财务包装"

为使现金流更容易为投资者所接受，一些公司在政策法规允许的范围内采取了一些相对"合法"的操纵手段，比如调整财务政策、利用关联方交易、应收账款证券化交易等。相较于前述两种违法违规的造假行为，技巧性地操纵现金流量更像是一种较为激进的财务包装，这种包装利用的是会计准则和披露要求允许公司管理层行使的合理酌处权。在一定的"合理"限度内，这种"财技"是合法的。通过调整应付账款的支付期限，调整财务政策从而操纵现金流量，比较常见的方式就是：延长向供货商支付货款的期限，从而减少会计期间的经营性现金支付，改善经营活动产生的现金净流量。应收款项的证券化交易有利于提前收回应收账款，这也会改善报告期内公司的经营性现金流。而提前收回应收账款是不容易的，国外一些公司往往通过出售应收账款来达到提前收账的目的。这种方法会产生几个方面的影响：一是改善企业的经营性现金流；二是只能得到一次性的好处，难以获得持续的现金流支持；三是由于风险过大和时间价值的浪费，应收账款的证券化必定带来一定的损失。

非财务信息分析

在分析年报中的非财务信息时，投资者除考虑公司的行业背景等相关信息外，还需着重关注以下几方面的内容。

◇公司治理结构

公司治理结构是公司制的核心，分为宏观层面与微观层面。宏观层面主要指股东、董事会、监事会和经理层之间相互负责、相互制衡的一种制度安排；微观层面主要指公司的内部控制制度。我们在分析年报时主要分析其宏观层面，而且重点考虑是否存在大股东侵蚀上市公司利益的行为或大股东操纵上市公司的行为。其方法主要有两点：一是关注上市公司与控股股东的关联交易情况，特别是非经常性业务的关联交易，如转让资产、受托经营等；二是关注监事会与独立董事对重大事项的独立意见，如监事会对重大关联交易公允性的声明，独立董事对上市公司与关联方的资金往来及上市公司对外担保情况的独立意见，等等。

◇大股东的持股情况

年报中披露的大股东的信息较详细，投资者需关注两个方面的内容。一方面是控股股东的变动。这种变动通常有两种情况：一种是一些国有股股东因股权的划转而导致控股股东改变，另一种是市场上发生的兼并行为、资产重组行为导致控股股东改变。另一方面是大股东的持股变动。在阅读大股东持股情况变动的信息时，重点注意两点：第一，大股东是否有通过二级市场增持或减持股份的行为，大股东通过二级市场主动增持公司的股票可认为是对公司有信心的表现，反之，说明大股东可能对前景没信心而急于套现；第二，十大流通股东是些什么成分，如果说十大流通股东中大多是基金，说明该股为基金重仓股，基金普遍对该股前景看好。

◇资产重组情况

资产重组是资本市场永恒不变的主题，是资本市场优化资源配置的一种形式。通常有两种情况：第一种是上市公司为加强主业或谋求多样化经营而主动收购或出售资产或股权，第二种是上市公司由于境况窘迫而被其他公司收购。对于前一种情况，投资者需判断这种资产重组行为是否符合公司的发展战略，或者这种行为本身就是控股股东在出售一笔垃圾资产给上市公司；对于后一种情况，要看新入主的控股股东是否有能力带上市公司走上光明的道路。董事会报告与监事会报告中都会对募集资金的使用情况进行说明，投资者需了解公司的募集资金是否按计划使用，若改变了用途，则要看是否符合公司的长远发展战略，等等。另外，上市公司可能在年报中披露公司在下一年的经营计划，投资者可关注。

◇把握宏观主题进行投资选股

这个方法非常适合普通投资者。前面说过，国内由于产业变革非常快，投资者很难找到利润率持续高增长的公司，但是每几年内总是可以从宏观角度选出这几年最重要的投资主题。比如前几年钢铁行业最热门，是因为中国经济加速增长的需求；这两年金融地产行业最热门，是因为人民币价值的重估；未来几年可能是环保节能。然后找到这个主题的龙头股持有两年，就可以获得非常丰厚的收益。

上市公司基本面发生质的改变时的选股思路

想抓住股价上涨的契机，要考虑两个因素。一个是基本面的，契机是业绩的高速增长，这是微观层面；宏观层面，也就是可能的宏观大事件变化使得多数投资者会很快选择股票投资。另外一个是市场面的，也就是如果刚有少数分析师出研究报告，或者你从盘面看出来刚有主力机构增持，这也是很好的投资契机。

上市公司的股价每天都波动，看似十分复杂、难以把握，但股价主要体现了两个重要的变化：一方面是投资人心理方面的变化；另一方面也就是上市公司内在质的变化，这也是最为重要的变化。一家上市公司的质发生巨大变化，其后市爆发力是相当惊人的。我们在选择标的时，如能够感知巨变蕴含的机会并把握好战机，获取超预期收益的概率是极大的。不过话又说回来，作为非公司内部人员，我们一般难以最早感知上市公司的内部发生质的变化；另外上市公司内部发生质的改变对日后的影响有多大还是难以评估的。那么，我们到底该怎么样去感知并进行深入的挖掘呢？

盈利系统九字理论"提前、深度、坚持、大格局"是非常重要的思想，其中坚持的基础来源于提前与深度，因为坚持的前提就是要对自己所做的品种有深入到骨髓的了解，一个合格的操盘手只有对自己操作的品种有深入的了解，才能更加坚定。但是，如果从整体上来说，基本面发生了坏的改变，那就另当别论了。建立好股票池后，接下来要做的就是找好潜伏点、切入点。这对我们来说相当重要，因为一个精彩的开始能为我们后市的操作打好基础，这也符合利益最大化的原则。

操
盘
手
记

想到就做与想后再做

甲：想到了就去做为什么不行？

乙：做任何事都会涉及很多环节，并不是想象的那么简单。把一切都想好再做，才能事半功倍。这样也可提高成功的概率。

甲：不过我已经做了。

乙：那就别冲动，停一下，思考筹划一下再说。

甲：我已经成功了。

乙：是吗？那只能说明你运气好而已。

甲：请问你现在做的事情成功了吗？

乙：还没，有很多原因。没你运气好啦，我还要综合考虑很多因素，要想清楚再去做。

甲：嗯，我知道你为什么还没成功了。

乙：……

甲：再见。

有很多人想到了却不做，也有人想到了就马上做。

想到了还要深思熟虑、迟迟不行动或在行动过程中考虑太多的人，看似很聪明，但很有可能聪明反被聪明误，最终错失了最佳的战机。

相反，那些看上去挺傻挺冲动的人，虽然做得并不一定完美，但很可能就这样抓住了最关键的战机。

在资本市场上，战机稍纵即逝，马上去做与想后再做的结果都很难预料。但有一点是肯定的，真正的机会是不会等人的。

知道了这点，其实答案也就不言自明了。

动心

甲：死水一潭，受不了。

乙：会动。

甲：啥时候动？

乙：不知。

甲：我要动。

乙：会可惜。

甲：我已动了。

乙：你的动让死水活跃了。

甲：可惜了，动早了。

乙：后悔不？

甲：后悔。

乙：为何当初不听劝？

甲：实在受不了。

乙：现在就受得了吗？

甲：现在更受不了。

乙：当时想过目前这状况吗？

甲：没想过。

乙：以后动的时候不妨多想想。

甲：唉！

乙：静则蕴动，动则激静，看透之则循环而已，心不动何来动？

市场有时候会很平静，或者有时候有些备选品种基本就是死水一潭。此时，很多人都会耐不住寂寞，这跟性格有关，或者跟与其他品种对比有关。比如他是个急性子，就很难忍受静的盘面；比如他看到其他品种非常活跃，一对比，他的内心就难以平衡。

动，本身并没有错，只是在动之前需要思考一下动之后有可能出现的不同情况。假设自己能承受各种情况，十分坦然，那动是无妨的。但很多人只是感受到了当时的难受，而忘却了其他的一切，当难受浮躁的情绪占满心头之时，劝告也会变得苍白无力。

平时多点静心，在关键时刻就会少点动心。

技术面选股思路剖析

相信大家都有这样的经历，在实战操作时，选择怎样的股票并不困难，但是选择时机则比较困难，稍不留心，就有可能会错失良机，或者高位接盘买进。

可见，如何找到一个较好的潜伏点、切入点，对我们的实战操作有着非常重要的意义。不过，能在最低点潜入的概率相当小，也不太现实，较好的切入点指的是一个相对低位。为什么要强调抓住切入点的重要性呢？大家都知道，选择好的品种固然非常重要，但在选好标的之后，我们要做的就是耐心潜伏，准备吃大波段。所以，如何选好潜伏点对于我们来说是至关重要的。

站在利润最大化的角度来说，找好潜伏点、切入点是我们实现利润最大化目标的一个重要因素。那么，我们该怎样找到对我们有利的切入点呢？运用技术面分析，是我们找好切入点的一个较为合适的、可行的方法。大家都知道，选择好标的后，就要进入博弈的过程了，其实这种博弈就是心理博弈。从技术面分析就是基于投资者心理博弈的一个汇总，其实质就是通过 K 线图将一些抽象的东西转化为各种具体的图形与一些技术指标。可见，对于找到一个合适的切入点来说，技术面分析是一种非常重要的手段。

那么，到底何为技术分析呢？有关技术分析的传统解释是以市场行为为研究对象，以判断市场趋势并跟随趋势的周期性技术分析变化来进行股票及一切金融衍生物交易决策的方法的总和。技术分析人士认为市场行为包容、消化一切。这句话的含义是：所有基础事件——经济事件、社会事件、战争、自然灾害等作用于市场的因素都会反映到价格变化中来。所以技术分析人士认为，只要关注价格趋势的变化及成交量的变化就可以找到盈利的线索。技术分析的目的不是跟庄，而是寻找买入、卖出、止损的信号，并通过资金管理达到在风险市场中长期稳定获利的目的。

通俗来说，技术分析其实就是利用过去的价格走势描绘出具体图形，看似十分简单但道理并不浅显。对于技术分析，我们需要明白三大前提，它们也是进行技术分析的三大基础。

技术分析的三大前提

市场行为包含一切信息

这看起来确实有点绝对化。"包含一切"，这样的绝对字眼本不应出现在"没有绝对"的技术分析研究里。请记住，技术分析是"没有绝对"的，但是有"概率最大"。为何不少人把技术分析看成一门艺术？

本质上就在于技术分析是一个可以任人发挥的空间，没有绝对，但有"概率最大"。谁的研判准确率高，就代表了谁在这个市场中的艺术水平高。

刚才谈到的"包含一切"，其实也不难理解。从本质上来说，这个市场的行为受人的买卖意识影响，再进一步说，这种买卖意识其实就是需求与供给，毕竟价格的波动、市场信息的体现最终是要由需求与供给来决定的，这也是很符合经济学原理的。具体来说，就是价格行为应当反映供求关系的变化。如果需求大于供给，价格应上涨；如果供给大于需求，价格应下跌。这种行为是所有经济预测和基本预测的基础。所以，技术分析人士把这句话倒过来解读得出结论：如果价格上涨，那么无论出于什么具体原因，需求必定超过了供给，而且基本面必定看涨；如果价格看跌，那么基本面必定"走熊"。

价格呈趋势运动

趋势，别小看这个词，它在技术分析里可以带给你无限的机会，同时也可以带给你无限的风险，就看你如何对待。在我看来，这对于技术分析而言，是精髓所在，既代表了方向，又代表了惯性。

如图1-17所示，趋势所代表的方向一是向上，二是向下，三是横向，概括来说就是一上一下一横，当然，这里的"横"本质上也是因上上下下的细微趋势形成的，因此，简要地说，趋势就是一上一下。

我们需要把握好这个趋势，毕竟趋势是有尽头的。在"上"的趋势里，最终的结局往往就是一个"下"的趋势，反之亦然。"没有只涨不跌的品种，或者只跌不涨的品种"，这句话较为明了地为趋势上下运动做了注解。

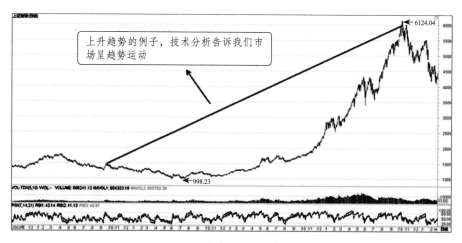

图 1-17   上证指数上升趋势走势图

历史会重演

历史会重演，倒不是说过去的走势会完全重演，而是说现在有可能会阶段性地出现与过去非常类似的走势。世界上没有完全相同的指纹，同样，在走势重复的过程中，其细微之处也是不尽相同的，完全一样是不可能的，但大部分或者说大的形态完全一样则是非常有可能的。为了理解技术分析的大部分内容，对市场行为做更好的研究，我们需要研究人类的心理。例如，在过去 100 多年中，已经被确定并分类的各种走势图形态，反映了出现在价格走势图中的某种图案，这些图案揭示了市场的看涨或看跌心态。既然这些形态过去很管用，那么就假定它们将来也会同样有效。它们的形成以人类的心理波动为基础，而人类的心理波动规律往往不变。最后一个前提——历史会重演的另一种说法是，了解未来的关键在于对研究过去，或者说未来仅仅是对过去的重复。

理由是什么？其实不复杂，就是人类的心理波动往往具有一定的规律性，或者说反复性，不随时间的推移而改变，而市场本质上是由人的心理波动带来的交易行为。因此，这样的交易行为在相似的环境中必然会出现一些"历史重演"的情况。研究好"历史重演"的规律，难道不就是做好了技术分析吗？

切记，形态分析既是技术分析的前提，也是技术分析的重中之重。关于如何辨别一些重要技术形态以及如何运用技术分析，我会在本系列书的其他章节中重点讲述，这里为了避免重复，暂不过多阐述。

形态分析既是技术分析的开始，也是重中之重

形态分析是技术分析的开始，也是技术分析的重要一环。因为股市走势形态是资本市场中一切博弈的最终反映，其由 K 线走成的形态，如同"达·芬奇密码"一样，蕴含着关于市场的无尽信息，关键要看作为投资者的我们如何解读，采取什么样的手段解读。

形态分析是技术分析中最为重要的一环，但是不可否认的是，其他技术分析的技巧也是我们需要掌握的，至少可以作为我们运用技术分析时的参考指标。不过我们需要切记的是，掌握这些技术形态指标虽然对我们的分析有一定帮助，但它们有一定的滞后性，对此我们要有清晰的认识。

总之，关于技术面选股思路，以技术形态分析为重点，但并不否定其他技术分析方法，相反，结合其他技术分析方法将会为我们的技

术分析形态系统锦上添花。

形态既是一切技术分析的开始，也是最为有效的技术分析方法，形态分析看似简单，但只要我们懂得如何通过其简单表象去把握内在的本质，就能发现，简单的往往就是最好的。

反转形态与持续形态

在对技术分析的三大前提有所了解后，接下来最为重要的就是分析具体的形态了，认识和把握好各种具体形态是技术分析研究的重要基础。我们每天都看着那些日线图，上上下下好像是在无序波动，其实，这样的波动所形成的形态在一定程度上反映了人们的心理变化，而这些变化又会对未来的波动起到一些实质性的指向作用。前人对此做了大量的统计与研究，我们需要做的就是学好并领悟这些已经总结出来的东西，结合具体的市场波动慢慢发现并找出一些属于自己的新技术，也就是说，站在前人的基础上"更上一层楼"，彻底提升自己的艺术水平。

"千里之行，始于足下"，形态分析是一切的开始，不仅是技术分析的开始，也是技术分析的一个相当重要的组成部分。

相信大家都有这样一种切身感受，股市技术分析所覆盖的范围是非常广的，要想全部学通学精，不仅不现实，而且实际上的意义并不大。这就如读书一样，并不是你读的书越多，你的能力就越强。书读得多，只能说明你的知识水平比较高，但并不代表你就一定具备非常强的实力或者能力。读书很重要，但更重要的是要懂得如何读书。面对那么多的技术分析方法，建议投资者在开始学习的时候，首先学形态分析。毕竟我们每天都要在电脑前看各种各样的图形，从这些最直观的图形里发现一些有价值的信息，难道不是一件很重要又很有意思的事情吗？

对于形态分析，我们首先要弄清楚的就是类别与概念问题，形态无非就两类：反转形态与持续形态。反转形态表明趋势中的重要转折正在发生；持续形态显示市场仅是暂作停留，可能要对短期的超买或超卖做出调整，此后现存的趋势将恢复。

反转形态

五种最常用的反转形态：头肩底（顶）形态（见图 1–18、图 1–19），三重底（顶）形态（见图 1–20、图 1–21），双底（顶）形态（见图 1–22、图 1–23），圆弧底（顶）形态（见图 1–24、图 1–25），"V"形底（顶）部反转形态（见图 1–26、图 1–27）。

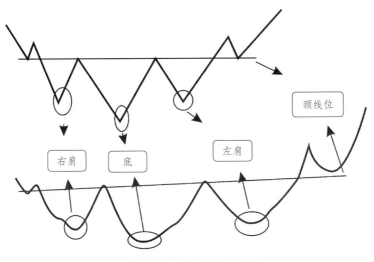

图 1–18　头肩底形态示意图

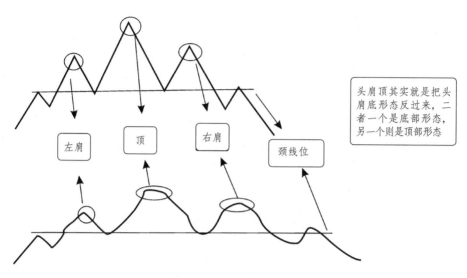

头肩顶其实就是把头肩底形态反过来，二者一个是底部形态，另一个则是顶部形态

图 1-19　头肩顶形态示意图

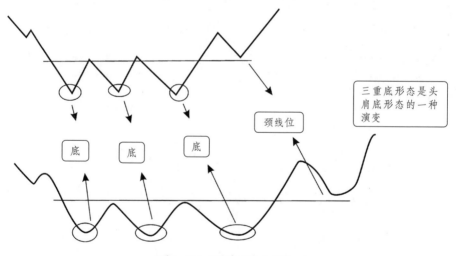

三重底形态是头肩底形态的一种演变

图 1-20　三重底形态示意图

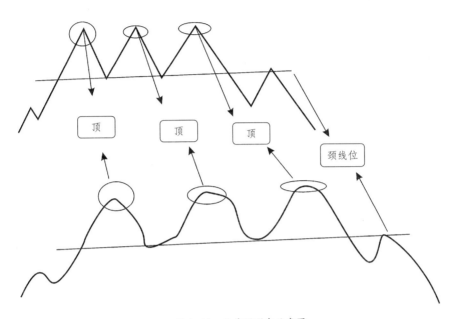

图 1-21　三重顶形态示意图

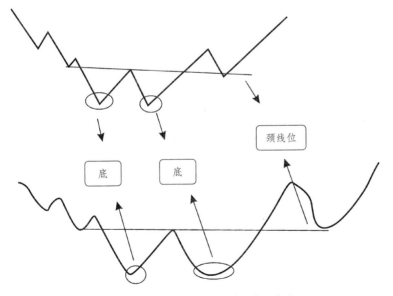

图 1-22　双底形态示意图

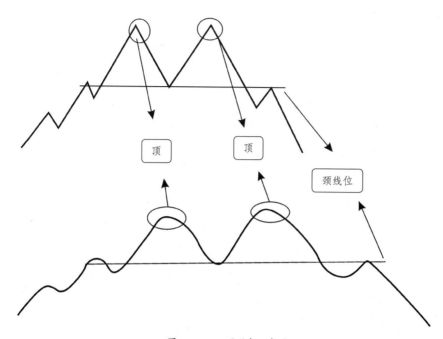

图 1-23　双顶形态示意图

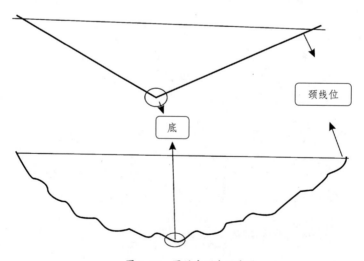

图 1-24　圆弧底形态示意图

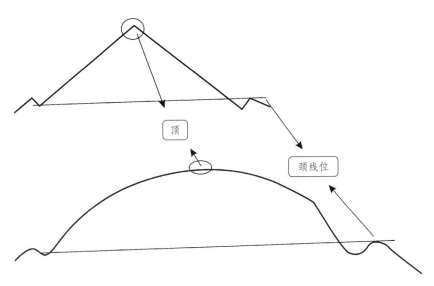

顶

颈线位

图 1-25　圆弧顶形态示意图

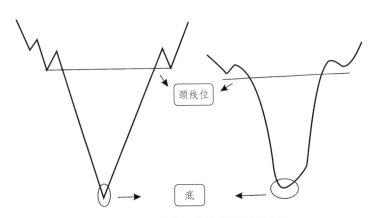

颈线位

底

图 1-26　"V"形底部反转形态示意图

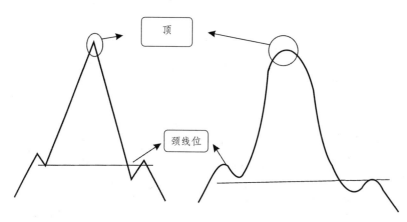

图 1-27 "V"形顶部反转形态示意图

持续形态

持续形态则包括：三角形、旗形、楔形及矩形。这些形态通常反映出现趋势的停顿而不是反转，因此相对主要形态，它们通常被归为中级形态或小形态。

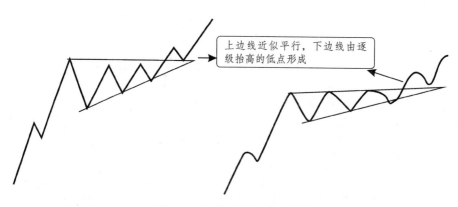

上边线近似平行，下边线由逐级抬高的低点形成

图 1-28 上升三角形形态示意图

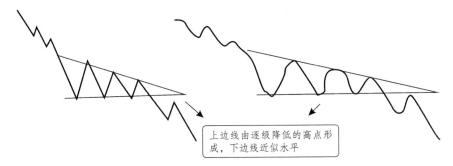

上边线由逐级降低的高点形
成，下边线近似水平

图 1-29　下降三角形形态示意图

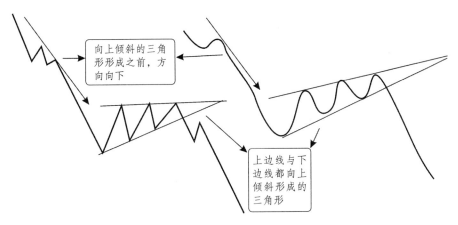

向上倾斜的三角
形形成之前，方
向向下

上边线与下
边线都向上
倾斜形成的
三角形

图 1-30　上升楔形形态示意图

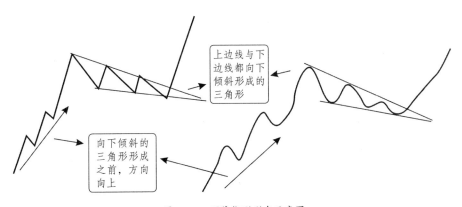

上边线与下
边线都向下
倾斜形成的
三角形

向下倾斜的
三角形形成
之前，方向
向上

图 1-31　下降楔形形态示意图

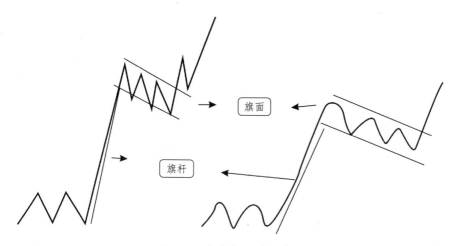

图 1-32　上升旗形形态示意图

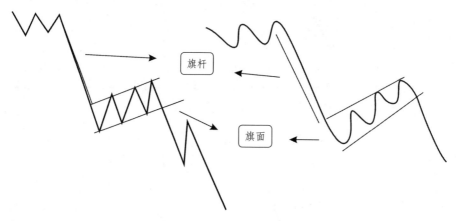

图 1-33　下降旗形形态示意图

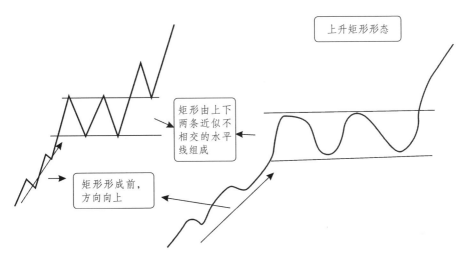

上升矩形形态

矩形由上下两条近似不相交的水平线组成

矩形形成前，方向向上

图 1-34　上升矩形形态示意图

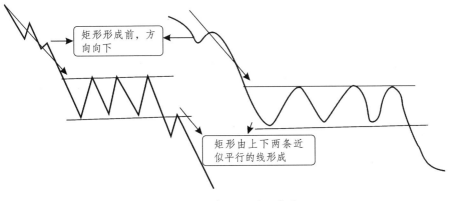

矩形形成前，方向向下

矩形由上下两条近似平行的线形成

图 1-35　下降矩形形态示意图

反转形态与持续形态的转化

形态的波动本质上就是人的情绪的一种反映。总结出各种不同类型的形态的最终目的——面对错综复杂的市场波动时能多一分清醒的认识，从而回避风险，把握机会。

将这两类形态结合起来看，似乎比较繁杂，但掌握了它们，就能为自己进一步提升能力打下坚实的基础。学形态分析就要静下心来，不要怕麻烦，如果你想在这个市场里有所成就或者提升能力，首先就要好好学形态分析。

◇反转形态与持续形态的转化要点

① 所有反转形态都可以成为持续形态的一部分，但持续形态不一定都能够成为反转形态。反转形态变成持续形态容易，持续形态变成反转形态困难。

② 即便反转形态转化成持续形态的一部分，无论这种转化是如何形成的，形态本身的内在性质也不会改变，量度跌幅等特征也不会变，唯一会变的就是环境而已。

③千变万变，不变的就是形态的本质；在形态面前，成交量永远都处于第二的位置。

◇成交量的大小对形态的影响不大

成交量等因素都具有非常技术化的特征。不论是反转形态还是持续形态都有一个统一的特点，那就是上升过程中成交量的作用较大，下降过程中成交量的作用较小。犹如地心引力与自由落体一样，向上运动就等于摆脱地心引力的运动，自然需要更多的能量，成交量大形态就会更可靠；相反，向下运作则迎合引力方向，自由落体运动所需要的能量自然会少很多，因此，成交量大点或小点都影响不大。

◇研究形态时，形似是基础，神似是内涵

形态在实际波动的过程中往往不如经典图形那般完美，总是会伴随着这样或那样的瑕疵，要不这里有点不太像，要不就是那里过于突出了。但无论如何，我们研究形态看重的是形似，世界上没有完全相同的河流，形态要完全一样也是不可能的。看重形似，但最关键的还是神似，形似只是基础，神似则是内涵。神似就是我们要清楚这形态背后的潜台词，懂得怎么利用好形态，这才是把握形态的关键所在。

通过上面的分析，我们可以清楚了解一些常用的反转形态，还有一些常用的持续形态，这些形态的归类是要牢记在心的，要记住形态及其基本内涵。

形态的世界很精彩。我们进入形态的世界，面对复杂的波动，多一双能看透本质的慧眼在构筑盈利系统的过程中是至关重要的。形态的世界很复杂，第一章仅仅揭示了形态世界中的一角，让大家有初步的印象。要想更深入地研究，最终形成自己的体系，还需要大家进一步学习。可以说，形态的精彩才刚刚开始展现在大家面前。

以上这些技术分析思路虽不能说十全十美，但也是我多年来分析思路的总结。相信你只要真正地理解了这种思维模式，并且在实际操作中不断地总结与学习，就能形成一套属于自己的盈利体系，赢的概率还是极大的。

操
盘
手
记

为何一直是白领

甲：看着有些人住高级别墅，开高级轿车，十分享受人生的样子，什么感觉？

乙：很羡慕，我也想那样。

甲：怎么才能那样？

乙：很有钱的时候。

甲：怎么才能很有钱？

乙：还没怎么思考过。

甲：你羡慕他们，也知道很有钱才能那样，却没思考过该怎么做到那样，这难道不是白日梦吗？

乙：做白日梦不可以吗？

甲：……

乙：反正我也没想那么多，就是当下羡慕而已。

甲：现在你过得开心吗？

乙：挺开心呀，就是有时候觉得钱不够用啦，呵呵。

甲：一辈子这样下去好吗？

乙：还是希望有所改善的。

甲：能做到吗？

乙：我想应该可以吧。

甲：平时周末喜欢做什么？

乙：当然是好好放松自己啦，玩玩游戏或者跟朋友出去唱唱K、喝喝茶什么的。

甲：没想过周末的时候好好充充电吗？

乙：还真没怎么想过，平时那么累了，周末当然要好好休息啦！

甲：我知道你为什么现在都还只是白领了。

很多人喜欢做白日梦，总羡慕他人，却没有什么实际行动让自己接近梦想，或者说平时根本没有思考过这样的问题。

成就的取得是需要一定付出的，付出越多，成就越大。

人与人之间差别最大的，就是思想。

习惯决定性格，思想决定行动。人的一生可能灿烂，也可能平凡，就看自己的选择了。不过有一点是没错的，那就是不管选择做什么，开心就好。

如何面对暴跌

甲：暴跌了怎么办？

乙：看你的承受力如何。

甲：我很痛苦。

乙：是拿着痛苦还是出来痛苦？

甲：拿着痛苦，但出来更痛苦。

乙：为何？

甲：拿着是感受着当下暴跌的痛苦但心中仍存有未来会上涨的希望，出来则不仅会感受到当下的痛苦同时也能感受到终结未来的希望的痛苦。

乙：如果继续暴跌呢？

甲：虽然痛苦但依然有希望。

乙：忘不了当下，总寄希望于未来。

甲：是这样的。

乙：能否忘记当下，把握未来？

甲：说起来容易，做起来很难。

乙：那只能永远痛苦。

甲：不能解脱吗？没有好方法吗？

乙：喝杯咖啡如何？

甲：好呀！

乙：解脱了吗？

甲：……

乙：这就是方法。

只要在这个市场上混，暴跌就是无法回避的一个现实。谁都希望躲过暴跌，但谁也不敢说能躲过每一次暴跌。当躲不过的时候，不幸被暴跌击中的时候，我们该怎么办？

这是很多人都会面临的问题，这个问题看起来简单其实很复杂，要彻底把问题解开，是需要大智慧的。正如上面的对话中所谈到的那样，或许，最终把注意力移开，让自己喝喝咖啡才是最好的方法。

人性的弱点在市场中的表现

你也许拥有精湛的技术、丰富的经验，但在实战操作时，仍会感到吃力，达不到预期效果；反之，有些人虽没有高超的技术、渊博的知识，仅仅拥有良好的心态，却能在很多时候收获意外之喜。现实生活中不乏这样的例子。因此，我们不能忽视心态的重要性。华尔街有句古老的格言："市场由两种力量推动：贪婪与恐惧。"这种说法不完全正确，但至少说明了贪婪和恐惧这两种心理因素对市场的影响不容忽视。股市如战场。众所周知，心理因素是实施军事谋略的基础条件之一，孙武在其流传千古的军事名著《孙子兵法》中也多次提到心理因素的关键地位。面对复杂的股市，很多人不知看了多少技术方面的书，但效果并不明显，甚至最终惨淡收场。这并不是说技术不重要，"术业有专攻"，专业知识固然很重要，但它是取得成功的必要条件而不是充分条件。股市中的博弈如同战场上的对决，本质上都是以人为主体的有意识的人类活动，心理因素的重要性也就不言而喻了。

《孙子兵法·九变篇》有云："故将有五危：必死，可杀也；必生，可虏也；忿速，可侮也；廉洁，可辱也；爱民，可烦也。凡此五者，将之过也，用兵之灾也。覆军杀将，必以五危，不可不察也。"意思是说，将帅有五种性格上的弱点：只知拼命死战的，会被杀死；贪生怕死的，会被俘虏；性情急躁的，会因为经不起刺激而失去理智；爱好廉洁的名声的，会不能忍受羞辱；爱护民众并且竭尽全力保护民众的，会导致过多的烦劳。这五种心理弱点是将领的过错，也会造成用兵的灾难。军队覆没，将领牺牲，必定是由这五种弱点引起的，是不能不警惕的。

上述五种性格上的弱点在股市中也得到了淋漓尽致地体现。

只知拼命死战

只知拼命死战的方式在很大程度上就是一种盲目的投资行为。市场中绝大部分投资者都存在这样的心理。这样的投资者每天沉浸在市场的波动之中，市场的每一丝波动都牵动他们的心弦。跟随市场忙碌了一整天，就为了能够获取几个点的利润，但很多时候，并不会如愿以偿，得到的结果会与所希望的背道而驰。一整天下来，不但感觉精神疲惫，而且不敢面对资金账户内资产缩水，备受精神上和物质上的双重打击。

市场上之所以会出现如此多的盲目投资行为，很大程度上在于投资者没有很好地认清市场的本质。任何事物都处于运动变化之中，股市也不例外。股市无时无刻不处于波动之中，涨跌现象是其自然属性，没有只涨不跌的市场，也没有只跌不涨的市场。无论日线、周线、月线、年线还是分时图，都处于涨跌的上下波动过程中，何必在乎一时的波动呢？很多人喜欢跟随市场而动，深陷市场的波动中。见到涨了就兴奋，不由自主地买进；跌了就害怕，争先恐后地卖出。久而久之，就加入了追涨杀跌的行列。

胆小输不起

相信绝大部分投资者在入市之前都抱有在股票市场上大赚一笔的心理，认为资本市场是一个赚快钱的好地方。于是，男女老少纷至沓来，前赴后继地进入这个市场。初衷是美好的，但现实是残酷的。绝大部分投资者都为自己的懵懂和无知交了不少学费，有些至今仍处于交学费的阶段中。如果带着输不起或不想输的心理来到股市，那么最终的结局就是输得更惨。首先，抱有这种心理的人一般会比别人承受更多的压力和恐惧，承受更强的压力的能力却不比别人强，结果可想而知。同时，在高压和恐惧状态下，人们一般很难做出正确的决策。就算你具有丰富的经验，也可能会落到无法正常发挥的地步，从而造成失误，导致投资失败。一旦投资失败，胆小输不起的心理将会愈演愈烈，最终会形成恶性循环，输得一败涂地。

性情急躁

在市场上，性情急躁型的投资者比其他类型的投资者更难生存。股票市场从某种意义上来说是一种苦行僧式的生活方式，不经过长途跋涉、凤凰涅槃式的沉淀，很难达成目的。对于性情急躁型的投资者来说，面对磨人的行情难免会出现躁动的心理。股票市场上有一种司空见惯的现象，就是很多时候买进了不涨，不涨就换，换了就开始大涨；等你再考虑追进去的时候，这波行情却到头了。相信入市的投资者对此都深有体会，我也有过因一时冲动而遭受重创的经历。记得有一次在权证市场短线操作，前一天进驻，第二天早盘开盘后，该股便跟随大盘出现了急速下挫的走势。当看到开盘形势不妙，我就决定离场并马上发出卖出指令，但由于股价下降过快，输入的指令无法成交。我立即撤销原来的卖出指令，发出新的卖出指令。这次，我选择比现价低几分钱的价格发出，但由于下挫过于急速，第二次发出的指令仍然无法成交。此时的我火冒三丈，更多的是跟卖出指令较劲，心里一直很不服气：我就不信卖不出去！急躁与不服气的情绪占据了我的脑海，我把平时的操作纪律和操作技巧忘得一干二净，于是我撤销第二次操作指令，发出第三次卖出指令。由于前期时间被延误，此时的跌幅相对第一次指令发出时的跌幅增大了很多，但在急切与不服气的心理作用下，为满足我誓死要成功卖出的心理，我在现价的基础上大幅降低卖出指令价格，最终成功交易了。赌气的心理虽然在此时得到了满足，但成交价格相比第一次发出的卖出指令已低了不少，同时我的账面资产瞬间也出现不小的亏损。一般来说，开盘行情一开始就一路走低的话，在做空动能有所释放后，一般都会有一波回抽上攻的走势。如果在第二次发出卖出指令而交易失败后，我能心平气和、泰然处之，不跟卖不出去的心理较劲，选择在回抽上攻的过程中卖出的话，就会挽回许多亏损，这就是为心浮气躁付出的代价。

缺乏忍耐心理

缺乏耐心的行为也是众多投资者共有的毛病，尤其是我国市场还没有完全成熟，投机氛围十分浓厚，真正遵循价值投资的人少之又少。从投资者平均持仓周期来看，我国投资者与国际成熟资本市场中的投资者还存在一定的差距。国际成熟资本市场中的投资者的平均持仓周期一般为一年左右，而我国投资者的平均持仓周期只有3个月左右，更有甚者，拿一两天都觉得是煎熬，投机氛围之浓厚可见一斑。缺乏耐心的投资者常常死在黎明前最黑暗的那一刻。在股价沉寂的时候坚守几天，等股价快要爆发前的一刻却毅然离场，市场上这样的例子举不胜举。同时，他们的致命之处就在于无法真正抓住一波大的行情，实现利润的最大化。一般在行情启动初期，获取蝇头小利后，他们就急忙抛出。这种人的痛苦之处在于要么无法享受拉升时资产增值的快乐，要么快乐稍纵即逝。

求全责备

市场上不乏追求完美型的投资者，他们对自己和其他事物一般都有严格的要求。但金无足赤，人无完人，很多时候由于精力和时空条件的限制，我们很难做到完美收场。其实，股票市场上求全责备的心理很大程度上是贪婪的表现，存在这样的心理的人总想把握市场上的所有机会。他们看着别的股票价格风驰电掣、直线飙升，而自己的股票价格却步履蹒跚、蜗牛式行走，便毫不犹豫地弃旧从新。从阶段性的角度来说，新买入的股票会比原来的个股让你获利更多。但一段时间以后，你可能会发现，曾经被自己抛弃的个股原来是一只大牛股，价格已经翻了好几番，而自己的资产却没有增值太多，于是你发出感慨：要是持股不动就好了。相信市场上不少人都有过相同的经历，很多时候，大家会为了追求眼前的利益而转移目标。虽然获得了不菲的收益，却发现自己终究是捡了芝麻丢了西瓜。

操盘手记

感谢"蜗居"

甲：听说过"蜗居"吗？

乙：听过。

甲：我也属于"蜗居"一族，社会残酷，无奈呀！

乙：这是高速发展的社会带来的衍生品而已。

甲：真希望能早日摆脱"蜗居"时代。

乙：摆脱其实不难。

甲：怎么不难？非常难，收入有限，力不从心。

乙：你的心别跟着"蜗居"就行。

甲：什么意思？

乙：现实的生活让人"蜗居"了，但内心别被生活击倒，要有"牛居"的胸怀。

甲：还是不太明白。

乙：就是要有一颗自信积极的心，不为当下的"蜗居"所困惑。

开阔视野，一切向前看，不管有多少困难，都要有克服它们的毅力与决心。

甲：有点明白了，意思就是让自己的精神别"蜗居"着，对吗？

乙：是的，只有精神不"蜗居"了，物质生活才有可能发生质的转变。

甲：有点阿Q精神咯。

乙：呵呵，没错。

甲：你就是这样过来的吗？

乙：嗯，我一直都觉得自己的精神没有"蜗居"。虽然曾经在现实生活中"蜗居"过，但现在"蜗居"离我很远很远，所以，精神上不"蜗居"很重要。

甲：感觉不是那么简单，但我会尝试去做的。

乙：具体行动当然不会那么简单，不过，"有理想才有未来"是没错的。

甲：……其实，"蜗居"也挺好的。

乙：……也对。

"蜗居"，是社会发展的产物，本质上这是贫富分化的一种表现。

市场化时代，人与人之间必然会出现较为悬殊的差别，尤其是在物质层面上。"蜗居"反映了不少年轻人在现实生活中较为窘迫的生活状态，但物质显得窘迫，并不意味着精神上同样窘迫。精神上的"蜗居"才最可怕。

"蜗居"其实也没什么，就是居住的空间小了点而已，看开了就好。不"蜗居"的也大有人在，年轻的非"蜗居"一族会成为社会进一步发展的领军力量。要想年轻时不"蜗居"，那就相信自己吧。虽然最终并不一定真的能不"蜗居"，但至少会有不"蜗居"的机会。

在这个世界上，人如果没点追求，才真没意思呢！从这个角度来说，我们要感谢"蜗居"。

一时得失算个啥

甲：非常郁闷！

乙：怎么了？

甲：权证几十个点的机会看到了却没吃到，因为犹豫了，不够坚定而错失了机会。

乙：呵呵，没事，机会还会有的嘛！

甲：这样的错误已经不是第一次犯了，我实在不能饶恕自己。

乙：那你想怎么办？

甲：我也不知道，反正很痛苦，很烦恼。

乙：这样就可以避免下次不再犯错误了吗？

甲：我真的好想吃到那几十个点呀，我也不知道为什么会犯，下次估计还会犯，我都快疯了。

乙：冷静点，把这件事情放到人的一生中去看，这有什么呀，过眼云烟而已。

甲：我的财务还没实现自由，没那么高的境界好不好，我就是受不了这样的错误。

乙：看云。

甲：怎么了？

乙：多好看呀！

甲：你想说什么？

乙：我想说这个世界上还有很多美好的东西值得你我欣赏、追求，这跟财务是否自由无关。

甲：心情好点了，不过还是很难受。

乙：去做自己喜欢的运动、看自己喜欢的电影、欣赏自己喜欢的花草，会好起来的。

甲：嗯。

乙：听，那是风吹过的声音……

甲：我明白了。

乙：真的明白了吗？

甲：嗯。是我的就是我的，不是我的强求也没用。

乙：好好珍惜当下才是真。

甲：我以后会让自己更强大的。

乙：嗯，我相信你最终会抓到更好的机会的。

只要市场存在，机会就时刻存在，问题是我们是否能够很好地把握住这些机会。

在把握机会的过程中，首先，我们不能妄想把握住所有的机会，这是不可能也不现实的；其次，我们需要以平常心去对待市场中的机会，有固然好，无也正常，这才聪明。

很多人之所以痛苦，是因为把自己放到一个看似可能但实际不可能的世界中去。人犯错一次正常，犯错两次也正常，犯错许多次其实也正常。犯错误并不可怕，就算不断地犯错误也不是什么大不了的事情，但如果我们面对错误时无法调节自己的情绪，让痛苦长久地伴随着自己，才是最可怕的事情。只要我们学会自我调节，懂得释放犯错误带来的痛苦，那么，一切都会过去的。

只要我们能够认识到错误，调整好心态，世界上一切艰难的事情最终都会迎刃而解。

错失一时的机会其实没什么，眼光放长远点，就有可能抓到更大的机会。一时的得失真的太渺小了，那算什么呀！对吗？

02

主力眼中的标的选择

操盘指导思想：以具有投资价值的企业为中心

主力和主力思维的相关认识

主力

股市的主力是谁，是干什么的？

股市上的主力，就是能够影响到市场波动的力量集合。具体到个股上，股市的主力往往就是那些有能力呼风唤雨、兴风作浪的基金、大机构、超级大户的集合，常常也被称为庄家、资本大鳄。

在股市上，主力是相对散户而言的。没有众多的散户，就没有主力可言。一只股票只有在主力资金积极炒作的"关照"下，才能酝酿、组织和构造上涨行情；同样，一个巴掌拍不响，没有散户资金的参与，主力只能是瞎折腾，其炒作也将是失败的。

主力与散户，可以说都是投资者，大家都同在股市这个舞台上。主力是导演，也是主角，在这出股市大戏里，最好的演员是主力，最坏的角色也是主力。

主力思维

主力既然是那些大机构，自然有自己的团队，有专门的研究机构，有经验丰富的操盘手，会制定专门的操盘纪律，就如同一个正规运作的公司。相对于散户，它们几乎是武装到了牙齿。它们占尽天时地利，利用手中雄厚的资金，长袖善舞，翻云覆雨。它们不是想解放穷人，全部思维都是围绕以下几点进行的：

①选股：如无意外，多数主力的选股标的主要是基本面潜在成长性最为突出的品种。

②进货：主力当然会用尽手段，力图以尽可能低的价格成交。

③洗盘：主力为了在拉升的初期更加顺利地在低位吃到最后的筹码，彻底击溃散户的持股信心，会较为激烈地做出吓人的上下震荡的走势。

④拉升：主力拉升的主要特征是涨升有量，下跌无量，大盘强时不动，整理时加速，具备牛股的独立走势。

⑤出货：主力通常让股价在高位反复横盘整理，一旦出现利好，便加速高开上扬，并上下宽幅震荡。有时，又放大量打压股价，制造换庄的假象，全天低位交易，尾市上拉股价，等等。

主力的全部思维就是利用它们强大的资源，实现利益的最大化。

主力是否无懈可击

按照上面的说法，散户和主力根本就不是一个量级的对手，连"胳膊对大腿"都不是。这两者地位不同、能力不同、信息不对称，操作的环境和条件也都不同，散户的溃败似乎是命中注定的了。

但是，我们也不妨来剖析一下，在股市这个舞台的游戏规则中，主力又会有哪些弱点呢？

①主力的资金量大，船大不好调头，进不容易，出也要费尽心思。

②主力，如基金，它们不得不以股市为生，不得不保持一定的仓位，而散户可以随时去留，自由抉择。

③主力可以利用传统的看法欺骗大众，在收盘价、开盘价、最高价、最低价、放大的成交量、消息面、盘面的买卖盘等方面做骗，但主力只能在短线上做骗，在长线上则骗不了你。只要股票的基本面向好，长线上它们仍然会向上。

所以，抓住主力的弱点，局部的散户是可以取得成功的，或者说是可以与主力共赢的。

对于散户投资者来说，股市的魅力就在于：努力去做成功的局部。

出路与选择

出路

散户投资者要想成功，首先要端正心态，因为世上没有任何一种绝学是属于大众并且没有任何风险的。

散户投资者成功的出路在于重视和学习主力思维，理解主力的优缺点，在挑战风险、防范风险中完善自己的投资体系。

记住，任何投资者只要正视风险、沉着冷静、努力攀登，都是可以获得成功的。这也正是本书力图奉献给投资者的观念，希望它可以成为投资者进步和成功的台阶。

找寻有投资价值的成长型公司

在上述段落中，我们剖析了主力思维，有些投资者就会问，那么怎样寻找主力呢？既然主力思维都是从选股开始的，那么，我们投资时就不应竖起耳朵东打听、西打听，去听各种消息，去沾主力的光，这样做的结果常常就是被主力牵着鼻子走，成了它们口中的羔羊。

我们开始投资的时候，首先需要关注的不是主力的动向和策略，而是选股——寻找好的公司，有成长性、有前途的公司，也就是选择具备投资价值的投资标的。我们强调的这个开始，与主力思维的开始是一致的。

所谓是否具有投资价值，就是要关注上市公司本身有无一些变化，或者说这些变化是否可能为公司带来利好变化，是否可能大幅地提升公司本身的价值。如果是，那么就可以说是发现了具备投资价值的标的了。你找到了基本面潜在成长性突出的品种，那么你就找到了主力。市场中有很多主力，它们的研发机构时时都在研究着上市公司，任何一家有潜在成长性的公司都难以逃过主力的眼光。只是也许你比主力的眼光还快，你盯上它们的时候主力还没有盯上，这时不要急躁，只要是具备投资价值的"好马"，被主力盯上是迟早的事。

我们要有足够的信心找寻成长性公司：我们生在世界上最具成长性的"金砖"国家，我们应该感谢我们伟大的国家，感谢这个伟大的时代，当然也要把握这个伟大时代赋予我们的巨大投资机遇。寻找高成长性、具备高投资价值的长期牛股是我们投资的目的所在，也是投资的快乐所在。

所以，开始进入股市投资时，我们首先要做的不是寻找所谓的主力庄家，而是要做一个基础性的工作——公司研究，要先寻找和研究具有投资价值的成长型公司。

具有投资价值的公司的风范

要想找到具有投资价值的成长型公司，最重要的是要对上市公司的企业价值进行研究。你必须过研究企业发展这一关，这是重中之重。我们这本书就要帮你培养一双慧眼，让你能够通过严密的逻辑分析，预测企业的未来。这也是我们下一节讨论的重点。

在此，我们以中材国际（600970）和万达院线（002739，自 2017年 5 月 19 日起，该公司股票简称由"万达院线"变更为"万达电影"）的成长性作为投资价值型的典型范例，帮助读者更好地理解后面有关企业价值分析的理论阐述。（注：读者请依据自己的能力分析判断，这里的任何分析都只是学术探讨，不作为个股买卖的依据。据此买卖，责任自负。）

中材国际

中材国际，即中国中材国际工程股份有限公司，为中国建材集团下属公司，主营业务为成套水泥生产线的建造。从 2001 年公司成立以来，公司总资产、收入、净利润等指标的增长幅度惊人。从全球市场份额不足 1% 的小角色成长为全球水泥生产线工程建设行业响当当的龙头老大，中材国际直接推动了全球水泥工业的发展和进步，它是我国建材工业"由大变强，靠新出强"的跨世纪战略的践行者。

2005年4月12日，中材国际发行上市。在短短5年半的上市时间里，中材国际的市值由上市时的27亿多元扩展到2010年年底的308亿元，股价也由上市日收盘价的每股2.98元（前复权），上升到2010年12月31日的40.71元（前复权）。目前，其市值已回落至105亿元左右。

如图2-1所示，中材国际价值成长研究的思路的重点在于，伴随着我国改革开放后基础设施和城乡建设的快速发展，水泥这一建筑材料的市场需求量越来越大。水泥工业的快速成长，促使我国的水泥技术装备产业突飞猛进地发展。水泥装备技术在经历了引进关键技术、消化吸收再创新、集成创新等阶段后，进入了自主创新并拥有国际先进技术的自主知识产权的新时代。中材国际正是抓住了这一发展契机，凭借大国企背景带来的政策、资金和人才的优势，确立了在国内的垄断地位。在国内需求的推动下，夯实了技术和资本基础；在满足国内建设服务的同时，杀出国门。中材国际以其先进的技术水平、成本优势、可靠的质量、优质的服务和工期控制能力，表现出了令人惊叹的市场竞争力。中材国际在国际市场上异军突起，与最强的公司同台竞争，在国际水泥工程项目总承包上进军国际高端市场，占据了全球40%左右的市场份额，居全球第一。

【2.融资回报】

【基本列示】

☆初发新股☆		
发行新股募资总额（万亏）		43674.00
☆再融资☆		
配股次数	—	募资总额（万元）	—
增发次数	1	募资净额（万元）	—
发转债次数	—	募资总额（万元）	—
再融资募资总额（万元）		
☆派现☆		
派现次数	8	派现总额（万元）	67120.63
☆扩股☆		
送转股次数	2	股本扩张倍数	5.90

图 2-1　中材国际融资回报示意图

（注：只用 5 年时间，融资回报已经超过了 1.5 倍，股本扩张则达到了 5.9 倍。）

回顾中材国际的价值成长之路，我们可以看到，中材国际走出了一条通过业绩增长夯实品牌价值基础，再通过品牌价值的提升进一步扩大业务量、提升业绩的良性循环之路。这种螺旋式攀升的发展之道，使得中材国际的品牌根基更加稳固。

通过观察中材国际的成长之路（见图 2-2），你是否有所感悟？你是否能感受到这就是投资价值所在，也是投资价值成长股带来的回报和快乐所在？如何找准价值投资标的，是否值得我们好好深思呢？

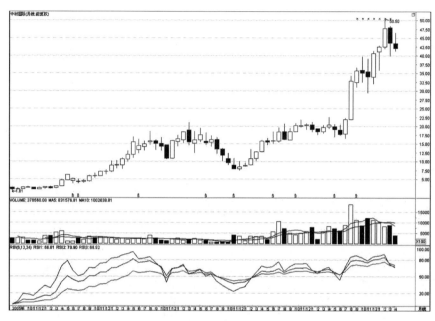

图 2-2　中材国际上市后股价月线走势图

万达院线

2005 年成立的万达院线（现简称"万达电影"）是一家自主投资建设及运营管理的电影院线公司，公司主营业务为影院投资建设、院线电影发行、影院电影放映及相关衍生品（卖品销售、广告发布等）。该公司采取资产联结、连锁经营的模式开展业务，旗下影院均为自有，影院所在物业全部采取租赁方式取得。万达院线先后两次采取资产联结、连锁经营的模式开展电影业务。2012 年万达院线先后获得 CINEASIA（亚太电影博览会）颁发的"年度放映商"大奖和由工信部消费品工业司颁发的 2012 年 C–BPI 连锁电影院行业第一品牌,并被《综艺》杂志评为 2012 年"年度贡献院线"。未来，万达院线将继续深化全国网点布局，巩固国内行业领先地位，成为规模和效益排名全球领先的电影院线运营商。

2014 年万达院线收入 31 亿元，在全国城市电影院线票房排名中居首位，公司主营业务收入的 77% 以上来自票房收入。作为行业龙头，万达院线将成为国内电影票房市场快速增长的最大受益者。

截至 2015 年上半年，万达院线拥有 191 家已开业影院，1694 块银幕，遍布全国 101 个城市，是影院网络布局最完善的院线公司。万达院线依靠多年积累的影城运营管理经验，以国家大力发展文化产业为契机，一方面通过提高自建影城的新开业数量，另一方面通过加大同行业影院的并购力度，提升公司市场份额。该公司在巩固国内市场地位的同时，持续寻求海内外并购及投资计划，致力于在全球范围内布局。

万达院线于 2015 年 1 月 22 日登陆资本市场（见图 2-3），上市后，开启了快速布局国内外的步伐，发起了两起并购计划。作为行业龙头，万达院线未来有望随着电影产业的爆发式增长，充分享受文化产业的盛宴。

我们有理由认为，中国的电影票房将成为未来全球电影票房增长的引擎，国产影片的持续爆发、国产影片的出口量增加等增长点都将支撑中国电影的快速发展。万达院线作为国内电影院线的龙头，必将是电影产业蓬勃发展的最大受益者。同前文的中材国际一样，万达院线同样是通过业绩增长来实现价值的优质个股。

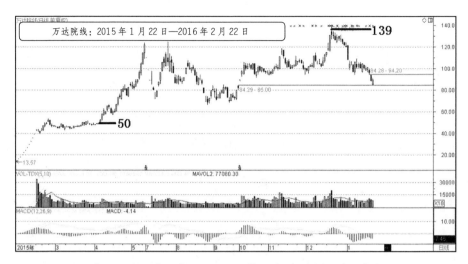

图 2-3　2015 年 1 月 22 日至 2016 年 2 月 22 日万达院线日线图

操
盘
手
记

结果与过程

甲：在干什么？

乙：在思索未来。

甲：未来如何？

乙：未来如下棋。

甲：结果如何？

乙：不同的每一步带来不同的结果，爽！

甲：有最喜欢的结果吗？

乙：结果重要吗？

甲：不重要吗？现代社会不都看结果吗？

乙：呵呵，我更喜欢过程。

甲：只是这恐怕没太大意义吧。

乙：自己喜欢就好。

甲：……我知道该怎么走自己的路了。

很多时候，结果是判断好坏的唯一标准。世界上绝大部分人也是看结果而不看过程的。结果是决定性的，要证明自我的价值，必须有好的结果。

过程是被忽略的部分，却是通往结果不可或缺的部分。只有喜欢过程，最终才有可能诞生真正有意义的好结果。所以，别小看了过程。

只要喜欢，享受过程，一切就不会是梦，很多东西也就水到渠成了。

对立

甲：听，那是风的声音。

乙：听，这是拉屎的声音。

甲：你真俗。

乙：你真假。

甲：哈哈，这叫美。

乙：呵呵，这叫现实。

甲：你牛。

乙：一般一般，世界第三。

甲：……

俗与雅，真与假，美与丑，理想与现实，如果将这些对立面都放在同一维度上看，就会产生非常明显的戏剧效果。

两个较为极端的人碰撞在一起会产生戏剧化的冲突，这种碰撞非常有趣，喜剧很多时候就是根据这样的原则展开的。

面对世界，不妨从两个极端的角度去看。这样会产生戏剧效果，很多东西也就能够看透了，而且很容易让自己处处透着点幽默。

如果说没有音乐的世界不可想象，那没有幽默的世界也同样不可想象。世界的精彩就在于拥有了各种美妙的元素，它们组合、碰撞在一起，精彩也就展现出来了。因此，如果你是极端的一面，又恰好和极端的另一面碰撞在一起，笑笑也就可以了，毕竟这也是世界中精彩的一部分。

价值的深入

价值和上市公司的价值

价值

在哲学上，价值首先是一个关系范畴，它表达的是一种人与物之间的需要与满足的对应关系，即事物（客体）能够满足人（主体）的一定需要。其次，价值又是一个属性范畴，具有自身的特点和属性：第一，价值具有社会性或者主体性；第二，价值是绝对性与相对性的统一；第三，价值是客观性与主观性的统一。

通常，我们可以把价值理解为标志着人与外界事物关系的一个范畴，它是指在特定历史条件下，外界事物的客观属性对人所发生的效应和作用，以及人对其的评价。所以，任何一种事物的价值，从广义上说应包含两个互相联系的方面：一是事物的存在对人的作用或意义，二是人对事物有用性的评价。

所以，我们要理解的是价值——既有客观的存在形式，又有人们对其反映形式的主观评价。关于价值的客观性和主观性的特点，你可以在后面我们谈到上市公司价值的分析时重点考量。

价值在主观上又可分为价值观与情感两种具体形式。其中，价值观是人对客观绝对价值的认识，或者说是人对价值绝对性的认识；情感是人对客观相对价值的认识，或者说是人对价值相对性的认识。价值观（或情感）与价值的关系在本质上就是主观与客观的关系：一方面，客观价值决定和制约着主观价值，主观价值是对客观价值的反映，以客观价值为基础，并围绕客观价值上下波动；另一方面，主观价值具有一定的相对独立性，并对客观价值具有一定程度的反作用，这种反作用表现为对客观价值的诱导、强化或限制。

了解了价值的特性后，我们来直面公司的价值。

上市公司的价值

关于公司的价值，有许许多多的解释，但是从本质而言，公司的价值就在于能够为股东创造利润。对投资者而言，唯有创造出丰厚利润的公司才是有价值的公司，唯有持续创造丰厚利润的公司才是最有价值的公司。

上市公司是把公司的资产分成了若干份，在股票交易市场进行交易，成为公众性质的公司，大家都可以买这种公司的股票从而成为该公司的股东。上市是公司融资的一种重要渠道，非上市公司的股份则不能在股票交易市场交易（注：所有公司都有股份比例，如国家投资、个人投资、银行贷款、风险投资等）。上市公司需要定期向公众披露公司的资产、交易、年报等相关信息，而非上市公司则不必。

与一般公司相比，上市公司最大的特点在于可利用证券市场进行筹资，广泛地吸收社会上的闲散资金，从而迅速扩大企业规模，增强产品的竞争力和市场占有率。因此，股份有限公司发展到一定规模后，往往将公司股票在交易所公开上市，以作为企业发展的重要战略步骤。从国际经验来看，世界知名的大企业几乎全是上市公司。例如，美国500家大公司中有95%是上市公司。

当然，在获利能力方面，并不能绝对地说谁好谁差，上市并不代表获利能力有多强，不上市也不代表没有获利能力。但是获利能力强的公司上市，会更容易受到追捧。

从投资的本质来说，投资上市公司发行的股票就是投资上市公司的股权，以部分资金参与上市公司的发展，分享它的成长利润。上市公司的价值是可以通过对其客观存在的价值进行主观的认知和评估来确定的。我们投资任何一种标的，都是希望从中得到利益，期望能收回成本，获得高额的回报。在投入的时候自然都不希望买贵了，只希望便宜的时候买来，贵的时候卖出。

投资股票时，我们的标的就是股票代表的上市公司，我们投资工作的重中之重就是发挥我们的主观能动性，衡量公司的股票以什么价格买入不贵，会有钱赚。衡量公司的股票就是衡量公司的价值，公司股票的价格从长期来说必定遵从于公司的价值——当然，是由市场综合评估认可的价值。

投资股票就要在认为某一公司的股票价格低于该公司当前或未来

的真实价值时买入，所有策略都要以公司价值为基石。偏离了这一基石，一切都是不确定的，都是投机性的，就必须要承受无法控制的风险。

这里所说的低于该公司的当前或未来的真实价值，强调的是"当前与未来"，这正是我们下面要重点阐述的概念：当前价值与未来价值。

当前价值与未来价值

当前价值

如何衡量上市公司的当前价值呢？

衡量上市公司的当前价值，就是通过各种分析方法计算公司的内在价值，在可以确定的情况下，计算出公司目前情况下可以创造出的利润。

从长期来看，一家上市公司的投资价值归根结底是由其基本面决定的。影响投资价值的因素既包括公司净资产、未分配利润、资本公积金、盈利水平等内部因素，也包括宏观经济、行业发展、市场情况等各种外部因素。在分析一家上市公司的当前投资价值时，我们应该从宏观经济、行业状况和公司情况三个方面着手，对上市公司有一个全面的认识。

◇ 宏观经济运行分析

证券市场历来被看作"国民经济的晴雨表"，是宏观经济的先行指标。近些年，我国股市全流通改革，大量关乎国计民生的新股、权重股上市，促使上市公司几乎囊括了我国国民经济的主要方面，已经成了名副其实的"国民经济的晴雨表"。

宏观经济的走向决定了证券市场的长期趋势，只有把握好宏观经济发展的大方向，才能较为准确地把握证券市场的总体变动趋势，判断整个证券市场的投资价值。宏观经济状况良好，大部分上市公司的经营业绩表现也会比较优良，股价也就有上涨的动力。

但是，驱动中国经济增长的动力，如政府的宽松政策和大量投资、外国资本流入等等，未必就一定能够促使上市公司的股价上扬。用学术上的话来说，就是"经济增长是股价上扬的必要条件，但不是充分条件"。股价是否上涨，关键还在于上市公司本身的基本面机制是否能将宏观经济带来的有益动力充分反映到其自身的价值增长上。

为了把握国内宏观经济的发展趋势，投资者有必要对一些重要的宏观经济运行变量给予关注。

①国内生产总值（GDP）

国内生产总值是一国（或地区）经济总体状况的综合反映，是衡量宏观经济发展状况的主要指标。通常，持续、稳定、快速的 GDP 增长表明经济总体发展良好，上市公司也有更多的机会创造优良的经营业绩；如果 GDP 增长缓慢甚至负增长，宏观经济处于低迷状态，大多数上市公司也将难以有好的表现。

作为投资者，我们应密切关注我国的 GDP 增长值。中国经济稳定、持续增长的大背景为上市公司的业绩稳定、快速增长创造了良好的外部环境。

②通货膨胀

通货膨胀是指商品和劳务的货币价格持续、普遍上涨。通常，CPI（居民消费价格指数）被用作衡量通货膨胀水平的重要指标。温和、稳定的通货膨胀对上市公司的股价影响较小；如果通货膨胀在可容忍的范围内持续，且经济处于景气阶段，产量和就业都持续增长，那么股价也将持续上升；严重的通货膨胀则很危险，经济将被严重扭曲，货币将加速贬值，企业经营将受到严重打击。除了影响经济，通货膨胀还可能影响投资者的心理和预期，对证券市场产生影响。如图 2-4、图 2-5、图 2-6、图 2-7 所示。

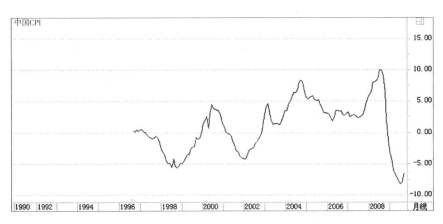

图 2-4　中国 CPI 1996 年至 2009 年月线走势图

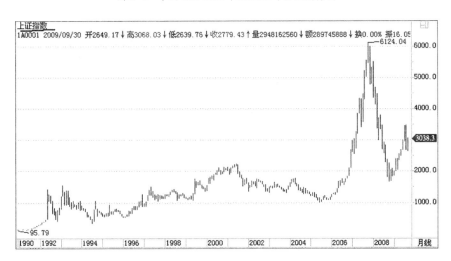

图 2-5　上证指数 1990 年至 2009 年月线走势图

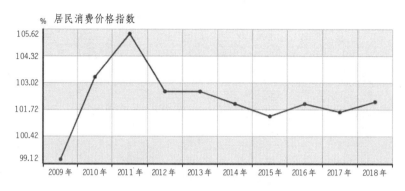

图 2-6　中国 CPI 2009 年至 2018 年走势图

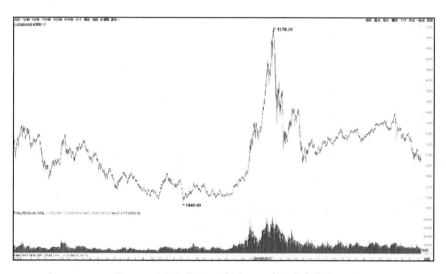

图 2-7　上证指数 2009 年至 2018 年日线走势图

　　CPI 也往往作为政府动用货币政策工具的重要观测指标。2010 年以来，我国 CPI 又开始高位运行。因此，在每月 CPI 数据公布前后，市场也会普遍预测政府将采取加息等措施来抑制通货膨胀。这样的做法就会引发股市波动。

③利率

利率对上市公司的影响主要表现在两个方面。第一，利率是资金借贷成本的反映，利率变动会影响整个社会的投资水平和消费水平，也会间接影响上市公司的经营业绩。利率上升，公司的借贷成本增加，对经营业绩通常会有负面影响。第二，在评估上市公司价值时，经常使用的一种方法是采用利率作为折现因子对其未来现金流进行折现。利率发生变动，未来现金流的现值会受到比较大的影响。利率上升，未来现金流现值下降，股票价格也会相应看低。

但是，在一轮经济刺激政策过后，在货币政策逐渐由松变紧的初期（加息的初期），加息不但对股市的负面影响有限，而且往往能够助推股价上涨。因为加息不但说明经济向好，而且能够抑制原材料价格过快上涨，平抑通胀。此外，更为重要的是，加息通道的打开有利于恢复金融体系的秩序，令金融机构恢复正常的运作水平，利好金融股。然而，不要忽略多次加息带来的叠加效应，当加息已经进行了一段时期后，利率将对市场的流动性起到较大的抑制作用。这时，在关注高利率对上市公司业绩影响的同时，也要密切关注较高利率对股市资金面带来的影响。

其实，归根结底，股市反映的不是利率水平，而是经济情况。

④汇率

通常，汇率变动会影响一国进出口产品的价格。当本币贬值时，出口商品和服务在国际市场上以外币表示的价格就会降低，这有利于促进本国商品和服务的出口，因此本币贬值时出口导向型公司的经营趋势向好；进口商品以本币表示的价格将会上升，本国进口趋于减少，成本对汇率敏感的企业将会受到负面影响。当本币升值时，出口商品和服务以外币表示的价格上升，国际竞争力相应降低，一国的出口会受到负面影响；进口商品相对便宜，采用较多的进口原材料的企业生产成本降低，盈利水平提高。

人民币升值，出口导向型公司特别是议价能力弱的公司的盈利前景趋于暗淡，这些亟待进行产业升级、挖掘潜能、提高产品的国际竞争力，或者积极向内需转型；需要进口原材料或者部分进口生产部件的企业，因其生产成本会有一定程度的下降而受益；国内的投资品行业能够享受升值收益，也会受到资金的追捧；房地产、金融、航空等行业将直接受益；纺织服装、家电、化工等传统出口导向型行业将会受到负面影响。

◇经济与股市的连接纽带是公司价值

股市是间接而非直接地反映经济成长的，其间的纽带就是上市公司的销售盈利与财务状况，即上市公司的价值基石。换言之，股市是通过上市公司盈利的多少来间接体现国民经济的运行状况的。而经济周期、商业周期、行业周期乃至公司的生命周期并不总是重叠在一起，其间的交叉错落又会导致上市公司盈利与经济成长间的短中期的偏离。

如果说经济成长以市场消费为主体，那么股市的表现则取决于上市公司的盈利状况。比如，在经济高涨时期，众多企业过度扩张，使它们提前赚取了若干年后的利润，超额满足了未来的市场需求。这时，尽管经济尚在增长，但库存积压与生产能力过剩，已使这些公司的盈利源泉干涸，况且要将过剩的生产能力消化完毕并非一年半载之事。所以，当市场消费与商业投资各行其是时，由市场消费所主导的国民经济看起来仍可保持增长，但有赖于公司价值和商业投资的股票市场则已经开始败落。这种现象的实质是股市提前反映了过分高涨的经济将要带来的危机。

证券市场只是整个国民经济体系中的一环，它不可能超脱于公司的当前价值而独立。若上市公司的经营与财务状况欠佳，尽管可能会有政策导向、炒作气氛、投机心态等因素在短期内刺激股市上蹿下跳，也绝不可能指望股票市场具有长期的繁荣和非凡的未来。股市不是聚宝盆，它既是公司融资的手段，也是财富分配的渠道。投资者通过购买股票得到股东的身份，其根本功能就是能够分享公司日后的盈利收入。如果公司无利可分、无望可求，就代表了它没有投资价值，它便会失去股东对它的信任和关爱。倘若大多数公司都已经没有投资价值，整个行业甚至整个股市都会重创。这不是股市自身之罪，不是监管系统——运行机制之过，更不是股民之错，病灶恰恰存在于股市赖以生存的基础——经济体系之中。

如果你有洞穿股市的犀利目光，你就会看到公司价值正是股市背后的那双看不见的手，它在默默地主掌着股市的升沉涨落、荣辱兴衰。如果公司缺乏投资价值，股市就会有风干与脆折的危险。这时，不论在政策面如何采取刺激经济的措施，如果公司的盈利增长并未出现政策面所期待的结果，那么，就像健壮的体魄不是天天靠抗生素维持的一样，财政与货币政策的短期效应也不能帮助股市保持健康。

如何看公司的未来价值

上市公司的未来价值就是以公司的当前价值为基础，综合评估可能左右公司盈利的各种内外因素，从而预测出的公司在一定时期内可能达到的盈利水平。

政府公布的数据所反映的经济状况多以现状为基础，而长期的股市涨落则会反映公司未来的收益状况。通常，分析师们所做的分析报告会有长达三到五年的前景预测。在某些特定的市场环境中，人们对公司前景可能乐观过度，也可能悲观过甚，因此预期的公司盈利并非总能与当前的经济状况保持一致，这一时间差便会导致股市与经济脱节。

颇具传奇色彩的投资大师彼得·林奇（Peter Lynch）对此非常中肯地指出，众多预测未来的分析师和基金经理的错误乃是将过多精力凝聚在宏观经济层面上，而忽略了对公司的微观研究。公司盈利与经济成长之间并不只是一种直观的线性关系或简单的因果关系，而且不同公司对经济状况的敏感度也不尽相同。能否成功地剥离出个别公司，通过深入研究其内部的技术和创新能力、经营和生产管理能力，以及内部发展与外部经济形势之间的微妙联系，尽最大可能评估出其未来的价值增长所在，这才是对投资者眼力、功力、耐力的考验和挑战。

这里以20世纪90年代后期的股市泡沫为例，来说说人们曾经怎样误判一个行业的未来价值。20世纪90年代后期，人们对互联网这一新生事物充满了期待，使之成为泡沫萌生的温床。加之所谓的"普及效应""锁定理论"以及"新经济学说"的推波助澜，人们对网络公司未来的盈利前景产生了幻想和错觉，甚至想入非非。殊不知，这些不切实际的市场预期只不过是令人目眩的海市蜃楼而已。当时的网络公司既缺乏市场，也缺乏技术，更缺乏资本。当网络幻想的泡沫破灭时，也难怪全球股市纷纷陷落，投资者们也从南柯一梦中惊醒。

看价值就是看它的未来

股市上涨，就说"估值合理或过低"；股市暴跌，就说"归根结底还是估值过高"，这是一般机构面向公众投资者最常见的说辞。涨的时候，什么都是合理的；跌的时候，什么都是不合理的。但是，无论如何，价格总是围绕价值上下浮动，虽然有时偏差的程度比较大，但不管怎样，我们还是需要探寻真正的价值究竟是什么。

按照传统的观念，市盈率高低往往是判断上市公司价值最重要的因素，太高说明价值不合理，太低说明价值合理。那么问题就出现了，上市公司的股票具有什么样的市盈率才是合理的呢？这是一个很难一下子道得明的问题，毕竟不同的环境、不同的市场中，往往会存在不一样的评价标准。在更具体地探讨股票价值之前，我们可以先回到一个真理上来：投资股票就是投资它的未来。就好像我们投资一些传统行业，不就是投资它们的未来吗？如果你判断未来服装行业大有可为，那么，你完全可以让你的资金或者你自己的人力介入该行业，从而去把握该行业的机会。而你初期投入的资金与人力的多少以及未来获取的回报的大小，则取决于你对该行业的熟悉程度以及你是否具有比较好的前瞻力。如果你不是特别熟悉该行业，只是知道该行业的未来，那么你介入的成本可能就会相对较高，最终的回报也会相对较少；如果你比较熟悉该行业，而且非常清楚该行业的未来，你介入的成本则会变得相对较低，最终的回报也会相对较多；如果你不仅熟悉该行业，还具有非常好的前瞻性，敢于在大部分人都还没有深度介入的时候先进去，那么最终，你就完全有可能在该行业中占据相当重要的地位，获得相当高的市场份额，从而最为充分地获取该行业的回报。

在这里，我认为，介入成本的大小以及对未来判断的准确度，将是影响获利多少的两大关键要素。介入成本太高，会压缩你的利润。比如你介入该行业的成本是 200 万元，而熟悉该行业并懂得运作的人仅需要 50 万元的成本。同样是介入，但各自的成本有非常明显的差异，这将直接影响你的企业在这个行业发展过程中的竞争力。就算你们的企业发展得一样快，但用最终的利润减去介入成本也可以明显看出，别的企业在发展过程中更占优势或对未来判断更准确，则会影响你的企业的发展速度。比如你认为今年该行业的某个产品的销量将为 1000 万件，你根据这个估量定下产量；而另一个人则认为有几个因素完全被你忽视了，今年这个产品的销量将达到至少 1 亿件，所以他制定了非常积极的生产策略，最终的市场需求量也确实达到了 1 亿件以上。结果会如何，谁的企业的发展速度会更快已经不言而喻了。因此，对未来判断的准确度也非常重要。

或许说得有点远了，回到股票上来，道理其实是相通的，毕竟投资股票本质上就是投资该股票所代表的股份公司的未来。因此，按照刚才的思路，公司所处行业的发展，以及其未来可能占据的地位，应该成为你投资其未来的两个非常重要的判断指标。对这两个判断指标分析得越准确，你最终得到的投资成果就会越丰厚。

如何进一步探寻股票的价值

现在就来进一步探寻上市公司的股票的价值。股票的价值，不就是该股票所代表的公司的价值吗？那么，我们现在要做的就是了解怎样评价一家公司的价值。正如"投资股票就是投资该股票所代表的股份公司的未来"这句话所体现出的理念一样，评价一家公司的价值，更多的是评价其未来，而一家公司的未来如何，往往是仁者见仁，智者见智，需要时间来证明。不过，也正是公司的未来所具有的不确定性，造就了股票在资本市场上的阶段性波动。君不见，过去美国网络股行情大好的时候，不就是因为当时的投资者大大透支了网络企业的未来，太过于看好网络企业的未来，不论什么价格，都敢疯狂买入，才造就了网络股的神话吗？可随着时间的推移，投资者渐渐开始了解了什么是网络，也看到了网络企业的进一步发展状况，终于明白了自己的盲目之处。随后，网络股的价格开始了回归价值的泡沫破灭之旅，无可避免地崩溃了。

那么，要如何判断企业的未来呢？我们不妨了解过去，感受现在。要想判断一家公司的未来，我们不仅需要了解它的过去，更要感受它的现在。了解它的过去可以让你更清晰地认识它，而感受它的现在则可以让你更为直观地熟悉它。要注意细节，注意公司的诸多细节——记住，细节决定成败。从细节中你可以发现一些被人们忽略的东西，而这些东西很可能是非常重要的，有时候甚至是决定性的。就好像捕捉商机需要敏锐的嗅觉一样，如果你只能看到大家都能看到的东西，那么你能把握住的东西也肯定是大家都能把握住的。而这并不是我们要追求的。我们要把握住的是大部分人可能忽略的东西，把握住大部分人抓不住的机会。只有这样，我们的努力才能实现较大的价值，因为"物以稀为贵"。

举例来说，在分析公司的过去与感受公司的现在时，你很容易就能统计出这家公司目前大概有多大的价值，你能了解到它的房产估值大概多少，产品库存的估值大概多少，银行存款大概多少……所有你能看到的资产之和减去它目前的负债，就能大概得出比较直观的价值了。但这些是大家都能看到的，并不稀奇，这些信息确实有价值，但它们还不能够让你很清晰地看到这家公司真正的价值。

你是否可以进一步发现一些被很多人忽略的信息呢？比如公司的无形资产——品牌价值。有个很经典的关于品牌价值的例子，那就是可口可乐的故事。故事里说："只要可口可乐的品牌还在，即使全世界的可口可乐工厂突然在一天内都没了，可口可乐也能东山再起！"这就是无形资产的价值啊！它是公司非常重要的隐藏价值点，但往往被人忽略。

再比如公司的人力资源——人的价值。看看公司的灵魂人物是谁，这很重要。人是决定一家公司发展的最关键因素，没有优秀的人，再好的公司也很难突破自我，发展下去。就如史玉柱一样，他失败过而且摔得很惨，但他还在，他的团队还在。所以，他可以在网游领域东山再起，让公司成功上市，又一次演绎了一个神话。这就是人的重要性。

试问如果这家公司没有史玉柱和他的团队，它刚开始运作网游项目时，风险投资会感兴趣吗？公司的发展如何，关键要看掌舵者是谁。分析透掌舵者，或许你就能看到这家公司的未来。

上面列举了两个比较容易被忽略的信息，当然，这样的信息还有很多，不过你需要更加细心地挖掘它们。你能挖掘出来的点越多，你的分析就会越充分，你也就越可能站得比别人高。只有让自己尽可能地站得更高，关于公司的未来才有可能看到更长远。换言之，你的视野大小将决定你对该公司的未来把握得是否准确。

因此，我们在具体分析一家公司的价值时，不能仅仅流于表面，而要进行更深入的分析。深入分析后，一旦你发现大部分人目前对该公司的估值远低于你心中的估价，那么，一个非常不错的投资机会可能就这样诞生了。当然，要获取最终的回报是需要时间的，但无论如何，你已经站得比较高了，在探寻公司的未来方面已经先人一步了。

分析了一家公司的过去，并了解了它现在的情况后，如果发现该公司具备比较好的潜在价值，就要好好看看它的股票是否具备比较好的投资价值。判断投资价值要看哪些要素呢？当然是看其股票价格了，看看这时候它的股票价格是高于、等于还是低于股票所反映的公司的价值。如果等于或小于，尤其是当下的股票价格低于当下的公司价值时，你就要做好准备并大胆介入。

股票价格与股票价值的关系

怎么判断什么价格的股票可以买进？很重要的一点就是按照目前你设想的发展状况，对该公司的未来价值——未来几年的状况进行估算。比如，当时公司价值是 1 亿元，但通过全面分析（多数情况下是充分结合潜在价值后的分析），你感知到再过 3 年，该公司将至少值 10 亿元以上。有些企业就是如此，尤其是本身具有一定无形价值的企业，随着市场份额的急剧扩大，它呈现出的几何式增长是很多人曾经想都不敢想的。就如我们经常听到的一些例子，一些公司经过 10 年左右的成长，就从价值几十万元的公司发展成价值十几亿元、上百亿元的航母型公司。这样的公司有不少，我们并不奢望在其发展的初期就参与进去，那也不现实，尤其是在资本市场的二级市场中，可以上市交易本身就要发展到一定规模。不过，我们是完全能够在其价值为 1 亿元左右的时候介入的。就如很多成功的网络公司一样，如百度等，你在其成长阶段是完全有机会介入的，也是完全有机会分享其成长所带来的利益的。因此，现在就有必要讨论一下股票价格与股票价值的关系了。

从本质上来说，价格肯定是要围绕价值运行的，或者说，价格不会偏离其本身的价值太远。因此，我们在看股票价格的时候，把握好价值是很关键的，我们要看透公司本身的价值。而关于股票价值，我认为需要关注的有两点：当前价值与未来价值。简单来说，当前价值就是目前这家公司值多少钱（别忘了把无形资产等一般人容易忽略的因素也估算进去）。如果得出的结果是它的每股价值远高于其目前的每股交易价格，那么，你可以高度关注它。

但是，这并非是最关键的因素，最关键的是你要估算出其未来价值，即 3 年、5 年甚至更长时间后其有可能达到的价值。这是非常重要的，也是最根本的，要知道，投资股票就是投资它的未来。

从当前股票价格的角度看，有些公司的当前价值或许显得非常不错，但它们的未来价值可能并不乐观。一些处于衰退初期的公司就是这样，它们的股票的短期价格好像有不小的诱惑力，但从中长期来看，目前的股票交易价格呈现出了非常大的风险。资本市场的股价的波动往往会提前反映一些公司的周期发展情况。我们面对这样的品种时，更多的是要观望。我们需要找到具有未来价值的品种，而不是盯住当前价值来决定交易。相反，从目前的交易价格来看，有些公司的当前价值显得不那么具有诱惑力，如一些处于成长初期的公司。虽然短期而言，这些公司的股票交易价格看起来具有一定的风险性，但中长期来看，目前的交易价格完全有可能是被低估的，毕竟其未来价值有可能超出你的想象。

因此，面对这种情况，我们要做的就是充分研究其未来价值，如果得出的结论是未来价值远高于当下交易价格，那么，你需要做的就是找到合适的机会潜伏进去，等待更大的回报。

如何选择破净型标的

破净股

净资产是指资产减去负债后的有形财产价值，也是指所有者在企业资产中享有的经济利益。破净全称为股价跌破净资产，即当股票的市场价格低于每股净资产时就叫"破净"。所谓破净股，是指该公司的股票的每股市场价格低于每股净资产价值。

从长期价值投资分析的角度出发，当你用市盈率等指标都无法具体衡量一家企业价值的时候，看看净资产，你就知道目前这家企业减去负债后的有形资产还能值多少钱——当前价值还剩下多少。

破净，从会计学原理讲，即使公司破产，也能够在清算中获得不低于面值的补偿。但是，由于当期数据通常是前一年价值的统计，如果公司最新的营运数据是巨额亏损的话，那么下一期的净资产有可能为负值。这是在评估破净股时要特别注意的。

破净率

破净率就是股票价格跌破每股净资产后，跌破差价和每股净资产的比率。例如某只股票现价 2.89 元，每股净资产 6.22 元，则破净率为 53.54%。理论上你购买的话还可以拿回比成本多 3.33 元的利润，即理论上的股价涨幅空间为 3.33 元。

每股净资产就是股价的最后防线。其理论意义是，如果上市公司倒闭清盘，股票的财务账面价值就是每股净资产。因为从会计学的角度上说，净资产是资产负债表中的总资产减去全部债务后的余额。在海外的股市中，一旦股票跌破净资产防线（问题股除外），极易发生公司并购或者股份回购行为。在我国，国有股场外转让的价格底线不能低于每股净资产。显然，每股净资产值是有特定含义的，并非一个抽象的指标。

因此，每股净资产的实际意义与象征意义在股票市场都非同小可，新股跌破发行价显示市场低迷，买气不足；而股票破净资产值显示熊市走向极致，市场价格信号失灵，人心恐慌。

市场破净率不断上升，显示市场已经极度低迷，但也预示着市场中蕴藏了很大的投资或者投机机会。

投资破净股的方法

破净股在股市投资中是一个重点的淘金方向。当熊市的调整行情深入到一定程度时，破净股就会陆续登场和增加，投资者可以将破净股设立为一个单独的备选板块加以重点研究。

破净股之所以会破净，除了熊市的深入——极度恐慌中放大负面因素导致股价被一再打击外，还有与行业类别有关。容易发生破净的行业一般属于行业周期不景气，或者是成长性一般、市场竞争激烈的夕阳产业，也可以理解为是受宏观经济紧缩冲击较大的行业。例如，当国家经济政策转为适度从紧，继续压缩控制固定资产投资规模时，产能明显过剩的钢铁、电力和部分低端制造类公司的股票破净或处于破净边缘的较多，这说明这些行业受到国民经济的周期影响比较突出。站在证券投资的角度上讲，很少有投资者会指望破净公司破产以获得不低于面值的补偿。

通常，破净股一旦破净，通常代表着这一个不景气的行业周期会有所延续，肯定还会有下坡路走，短期内不会有什么好的投资收益，而且跌得更深也不是没可能的，投资破净股是机会与风险并存的。

抓住投资机会的关键之一是选对破净个股。净值此时并不是衡量个股价值关系的唯一依据，必须结合市场估值、每股净资产收益以及综合利润率等多种因素考虑，要着眼于公司未来价值的成长性。

正确的思路应该是，以破净或接近净资产为一个标准，以其他各种经济考核指标为分析依据，以长期增长率为准绳，来进行行业对比和可持续盈利水平对比，好中选好，优中选优。

抓住投资机会的关键之二是投资者必须放眼未来，充分考量该股未来价值的长远成长性。此时，做好选择后，除了阶段性的评估修正外，还要有长期投资的思想准备。对于投资破净股来说，只有做长线、耐心守候，才能真正得到好的回报。

另外，面对破净股，必须牢记四个注意事项：

◇企业安全第一，政府背景优先

在中国，破净股如果具有政府背景，投资就会相对安全。因为出于对国有资产保质增值的政策要求，破净股所代表的公司的破产可能性会大大减低。

◇行业安全第二，回避金融科技领域等

我们要强调行业的安全性，也就是投资破净股时，尽量回避金融类、科技类等类别的行业，雷曼兄弟破产以及纳斯达克泡沫破灭就是最好的风险案例。

有的企业每一个财务报表期间的净资产都会出现不同程度的贬值和缩水的情况，这是为什么呢？原因之一是企业的资产质量不过关，这类产品大概率属于金融投资产品；原因之二是企业可能一些没有核减冲销的破烂不堪的资产，依然被当作优质资产估价。面对这些净资产水分很高的企业，除非你有非常大的把握，否则最好采取观望的策略，选择行情恢复再出击的思路会更为安全。

◇经营安全第三，回避ST板块

我们要强调该企业经营的相对安全性，也就是尽量回避那些过去已经连续亏损、经营状况不佳，且企业收益情况没有好转或已恶化的企业，否则将会非常危险，随时有可能陷入无法挽回的局面。在中国，这些群体往往都是 ST 板块的品种，虽然很多人热衷于它们的重组，但这具有相当大的不确定性，最好别贸然采取出击策略。虽然，目前的 ST 板块往往会阶段性地出现很好的行情，但记住，别贸然去碰投机的界限。这也是投资的一种原则，否则，一不小心就可能把全部身家都搭进去。要知道，中国在跟国际接轨的过程中，ST 股本身的壳资源价值会大大降低，是有可能上演价值回归的。所以，ST 群体里的破净股要回避。

◇注意公司大小非结构情况

要保证投资的安全性，还要注意公司大小非结构情况。2008 年年后，中国股市出现了一个新问题，就是大小非减持，所有国内的上市公司的股权都面临全流通的问题。在选股操作上，投资者不但要综合考虑相关股票的基本面情况，还要考虑大小非的持股结构情况。买股要买大非牢牢控股的龙头企业股票，而不买大小非结构复杂、存在竞相抛售可能的品种。

一家上市公司，如果连大小非都不看好，都坚决出走，必然会成为退市对象，这样的企业万万投资不得。

未来价值决定成长型标的的选择

对于成长型的好公司，其实并不需要一个标准的定义，简单来说，只要能保持业绩快速增长，能给股东带来持续高回报的公司就是好公司。如果非得给出一个量化的解释，那么未来价值能够保持长期增长——连续 5 年到 10 年保持 10% 至 25% 的净资产收益率（最低不要低于 8%）的公司就可视为成长型的好公司。这类公司的股价上升不是靠概念、重组、非经营性收益，而是由基本面、主营业务扎扎实实地推进的。如果一家上市公司的净资产收益率能连续 10 年保持 8%，那么 10 年后，它的净资产价值就会翻番；如果连续 10 年保持 25%，那么 10 年后，它的净资产价值就会增加接近 10 倍！这就是复利带来的惊人增长。沃尔玛在 1970 年至 1995 年的 25 年里，平均净资产收益率超过了 25%，可以想象它能给投资者带来多高的回报。

当然，看净资产收益率毕竟是事后诸葛亮，等你从年报看到这个数据时，先知先觉的资金早已把股价拉高了。所以，我们要力求做到提前预判，提前潜伏。那具体该怎么做呢？记住，预判一家企业够不够好，值不值得投资，行业、技术、团队是必须考虑的三大因素。比如，我们要看这个行业的市场空间够不够大，这是决定企业能否延续其成长性的关键；然后，要看它的技术或商业模式的可行性，必须有实践加以检验；接下来，最核心的是要考察管理团队是否优秀，能否专注于企业的未来。一家上市企业，管理者的作用更直接和关键。

好公司的挑选原则

评判一家公司是不是好公司的标准，不会是一成不变的，但总有内在逻辑可以支撑我们寻找到好的企业，并或多或少看到它的未来，有两点挑选原则可供参考：

◇好未来比好价格更重要

比如，你在 50 倍 PE 时买入企业 A，如果它的年增长可以达到 25%，3 年后差不多就只有 25 倍 PE，即使是最高位买入，也只是损失了时间成本；但坏公司的风险是没有底线的，清盘的也不在少数。

◇价格决定你的投资有多成功

找到一家优秀的公司，你可以获得多高的回报呢？除了心理上的满足感，还有防范风险的屏障。例如，巴菲特曾在 20 多年中实现了高达 30% 的复合投资收益，即使他也曾做得不是很好，但他仍是首富俱乐部的成员。是他当时持有的企业变糟糕了么？不是，仅仅是因为阶段性的价格下跌。

动态地观察公司的未来价值

要挖掘一家有未来的好公司，关注公司未来价值的增长可能性极其重要，这就需要我们去作定性的调研和考察：好公司到底什么样？我们不妨把商业模式和管理模式都很突出，并将二者完美统一的公司视为好公司，因为商业模式和管理模式可以完整地描述企业的运营。

商业模式是一种"利益相关者的交易结构"，它告诉我们企业是怎样运转起来的，我们可以从企业的业务系统、盈利模式、关键资源能力、自由现金结构等方面来评估企业的商业模式。管理模式反映的是企业的执行机制，我们可以从企业战略、组织结构、管理控制、企业文化、人力资源管理等方面来评估企业的管理模式。商业模式在为满足顾客需求、为顾客创造价值和实现企业价值最大化之间搭建一座桥梁；管理模式则重在帮助企业实现长远目标和达成业绩。

例如，IBM 现在是一家好公司，因为它作为一个解决方案提供商定位准确、关键资源优势突出；而它曾经一度不是一家好公司，因为那时它的机构臃肿，业务又定位在一个激烈竞争的领域。Yahoo 曾经是家好公司，它开创了门户网站的商业模式，并有优秀的企业文化和人力资源来保证强大的执行力；但现在它又不算一家好公司了，因为原有的模式已经陈旧，带不来多少利润，机制上又缺乏创新精神。

由此可见，评估一家公司的未来价值的标准，也就是评价一家公司是不是好公司的标准并不是一成不变的，我们要动态地看问题。某家公司是好公司的时间可能是有限的，如果这段时间比较长，那么拥有这家公司的股票或股权就会得到丰厚的回报。所以，我们说唯有成长性好的公司的股票才值得持有，当曾经的好公司过了成长期，甚至进入衰退期时，这些公司的股票当然要抛掉。

动态地观察公司的未来价值，可以让我们避免陷入"明星企业"的陷阱。想想昔日的明星股票如四川长虹、TCL 等，在上轮大熊市都一"跌"不振，错把明星企业当成成长型公司而长期守候是天大的谬误。所以，我们在买成长股时，一定要以企业所有者的态度来研究它，真正关心影响它的未来价值的关键因素，一旦发现问题而它又未能改正，就抛弃它。

操
盘
手
记

天马行空的想法

甲：我特喜欢天马行空地想象。

乙：带来的结果如何？

甲：总是能让我收获一些惊喜，有些事虽然自己做不到，但后来的现实告诉我，有人是可以做到的。

乙：就好像预言被实现的感觉。

甲：对，很开心。不过，也会有失落，毕竟不是自己实现的，而是他人实现的。

乙：有没考虑过给自己一个惊喜？

甲：当然有，但是有相当的难度。不过，我很多未来的规划都是经过天马行空的想象，然后结合现实展开行动的。

乙：嗯，这样很好呀，至少有可能最终实现你的理想。

甲：是的，我觉得最重要的就是第一步，只要第一步成功了，有坚实的基础了，天马行空式的理想就不是梦。

乙：是啊，这世界上好多奇迹般获得成功的人好像都是这样过来的。

甲：我也要创造奇迹。

乙：你会成功的，我有这样的预感。

甲：谢谢，这是否是你天马行空的预感呢？

乙：哈哈，或许是，或许不是。

甲：好，不管如何，只要用心去做了，就算失败也不后悔。

乙：嗯，就如投资股票一样，用心研究后去操盘了，就算失败也不后悔。

甲：是的，有时候付出跟回报未必成正比，但只有付出才有可能收获真正的成功。

乙：说得好！

甲：哪里，都是跟你学的。

乙：你具有青出于蓝的潜力。

甲：那当然。

乙：不过，自信是好的，可别骄傲哦！

甲：哈哈，知道啦，师傅。

乙：哈哈，走，去看电影。

甲：不去。

乙：为啥？

甲：已经跟女友约好要去看电影了。

乙：你牛！

甲：师傅，你也要多陪陪师母了。

乙：你真牛！

甲：哈哈，其实我知道你早已约好师母了。

乙：哈哈，你真的太牛了！

人都要有些想象力，想象力丰富的人至少会让生活多点色彩。当然，最重要的是，想象力丰富的人会对未来进行天马行空的规划，一不小心，一个非常具有市场空间的好想法可能就诞生了。

当然，有好的想法只是引发奇迹的前提，关键的是要用行动落实，一旦落实，成为现实了，奇迹才有可能诞生。

有付出才可能有回报。记住，付出未必会获得回报，但至少让你不会后悔。

不空虚需要静心

甲：平时看盘想休息，一休息则又想看盘了，真痛苦。

乙：因为你太在乎市场。

甲：我也想不在乎市场，但这就好像吃了鸦片一样，控制不了自己。

乙：你需要有其他的精神寄托，有什么爱好吗？

甲：有，玩游戏，还有就是看动漫。

乙：除了这些呢？比如有喜欢的运动吗？

甲：没有。

乙：知道吗？你的精神比较空虚。

甲：嗯，所以无法摆脱市场的控制。

乙：你需要看些哲理或心理类的书。

甲：我是根本无法静下心来看的。

乙：找个时间强迫自己静下心来看书。

甲：我会尝试一下的。

乙：只有让自己彻底静下心来看书，精神才不会那么空虚。

甲：嗯。

乙：另外，请别太在乎一时得失。

甲：好。

乙：一时得失说明不了什么，关键是要让自己活得精彩、充实。

甲：是的。

乙：一切还是要靠自己的。

甲：我会努力的。

乙：现在跟我一起去登山不？

甲：好！

人无法静心，对很多事情就无法做到淡然。无法摆脱市场的控制，其实就是无法让自己很好地静下心来。

这世界的很多人都在忙忙碌碌，但最终好像什么也没得到；而有些人看上去不是很忙碌，却好像拥有了一切。

人能否静下心来，有时候差别就是这么明显。

03

主力如何挖掘投资价值

价值基本面

对一家上市公司进行投资价值的挖掘，就好像为一席丰盛的餐宴准备材料一样。企业本身的价值基本面就好比原始食材，所谓巧妇难为无米之炊，靠巨量资金进行恶意炒作的时代渐渐远去，各类机构投资者都非常注重这些公司本身的质地好坏。主力在对企业价值进行全方位深度挖掘后，才能算作准备好"材料"，为下一步向市场参与者提供一场美味的价值盛宴打下基础。

深度挖掘标的价值基本面后，主力做到心中有数，才会考虑如何在市场的博弈中取得主导地位，这背后其实也反映了谁对上市公司内在价值的信息掌握得越充分，谁就越能在这没有硝烟的战场上获得最后胜利。虽然在某种程度上，具有资金优势的一方更容易掌握话语权，但如果忽视了"市场最终会体现价值本身"这个真理，无论多么强大的资本巨鳄都会一败涂地。相反，如果能在顺应标的价值变动趋势的原则下，主动创造暂时的市场走势，并借用市场波动短暂的非理性力量，主力就会有更大的概率成为市场最后的赢家。在这里，大盘和个股的市场波动是一个值得深入探讨的话题。巴菲特的启蒙导师格雷厄姆曾经把这种波动比喻为疯狂的"市场先生"，它患有典型的癫狂症：有时会极端兴奋，向你推销根本不值高价的垃圾；有时又会陷入迷茫和绝望，低价甩卖闪着金光的珍宝。对于投资者来说，"市场先生"简直就是他们的敌人，但是如果能够摸清"市场先生"的古怪脾气，那么对于投资者尤其是主力机构来说，"市场先生"将成为他们最好的朋友。因此，我引入"价值地位面"的概念，尝试探讨一家上市公司所属行业、区域和其本身的市场地位是如何影响"市场先生"的情绪波动的。

最后我会特别从主力资金的角度谈谈价值引爆点。打个比方，如果说资本市场每一个周期性的波动是一场多空双方博弈的战争，那么具体到股票市场上，一家上市公司的价值基本面就相当于"地利"，其所在的价值地位面好比"天时"，而价值引爆点则是"人和"。这三者的关系是"你中有我，我中有你"的有机统一，价值基本面是根基，价值地位面是延伸，价值引爆点则是前两者综合提炼的精华。

公司概况和股东股本研究

公司概况

《操盘论道入门曲：看透F10》一书中曾经介绍过"公司概况"栏目的重要性，它包括三部分：基本资料、发行上市和参股控股。如图3-1所示，我们可以从中了解它们的关系。

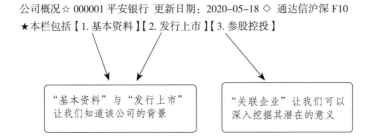

公司概况☆ 000001 平安银行 更新日期：2020-05-18 ◇ 通达信沪深 F10

★本栏包括【1.基本资料】【2.发行上市】【3.参股控投】

"基本资料"与"发行上市"让我们知道该公司的背景

"关联企业"让我们可以深入挖掘其潜在的意义

图 3-1　公司概况示意图

前两者是让我们知道该公司的背景，后者则是让我们知道其潜在的意义。关于其中各个栏目的基本分析思路,在此不再赘述。所谓"横看成岭侧成峰，远近高低各不同"，面对同样的公司概况，主力如何进行投资价值的深度挖掘则是我们非常关心的话题。

◇记住你面对的不只是一家公司（如沙钢股份、方大特钢）

一串股票代码代表的是一家上市公司，但代表这家上市公司价值的绝不仅仅是一家公司。因为这家上市公司的控股股东可能是一家集团公司，它也有可能拥有控股子公司、孙公司，甚至还可能和别的公司联营或参股合作。另外，站在控股股东的角度上，它还可能依靠上市公司作为资产整合平台，把集团中或其手中的各种资源注入上市公司。说白了，这就要求我们学会用联系的眼光去看待一家上市公司。挖掘这家上市公司的投资价值就意味着挖掘与之相关的利益集合体，从其相关群体的角度重新审视该公司。

◇从"投资"到"经营"的思维转换（如复星医药、迪瑞医疗）

投资者研究公司是想知道它们到底能值多少钱，而经营者研究公司是想办法让它们能赚钱，这两者看似不同，实际上却高度统一。面对一家上市公司的"家底"，投资者也许会习惯从静态的角度去看待这笔资产和负债；但经营者就会从动态的角度想方设法动用资源去增强自身的盈利能力。一句话概括，投资者想投资公司赚钱，管理者想经营公司赚钱，他们的想法在某种意义上是一致的。这也是段永平、史玉柱、马云等是实业家同时也是投资高手的重要原因。

主力想深度挖掘公司的投资价值，往往也会把自己置身于经营者的位置上，思考目前公司经营状态的优势和劣势是什么，面临的行业状况如何，未来的发展战略是什么，如何去实现，自己手上的底牌有哪些，等等。如果经营者都不知道自己的公司到底值多少钱，就很难去谈怎么赚钱了。

◇大胆假设与小心求证的结合（如中润投资）

上面提到，投资者也要学会从经营者的角度看待公司，但这里涉及一个仁者见仁、智者见智的问题。不同的人对待同一家公司有不同的经营思路。因此要想较大概率地把握经营者的思路，必须像竞争者一样大胆假设这家公司可能采取的策略，然后像财经记者一样小心求证这种猜想。具体到公司概况这一类信息时，尤其要抓住基本资料和关联企业进行深度挖掘。因为上市公司公开发布的信息面向的不只是投资者，还有其实际和潜在的竞争对手，所以会在信息公开规则的要求下"有余地、有艺术性"地留下空白，而这时，谁懂得欣赏"留白"的美，谁就能占据主动。

股东研究

《操盘论道入门曲：看透 F10》中对上市公司的股东研究更多的是从发现机构等主力资金的运行轨迹方面进行探讨，尤其对于十大流通股东的分析，更是从筹码的集中程度进行研判。但我们要清楚的是，机构等主力资金的进驻不是形成公司价值的原因，而是公司价值的体现。作为主力，要深入挖掘公司的投资价值，追求的就是能挖掘出真正成为公司价值的"干货"。

要知道一家上市公司未来的价值有多少，一个很重要的问题就是它的大股东（尤其是第一大股东或者是实际控制人）的潜在价值有多大。主力要深挖标的的投资价值，绝对不会只关注上市公司本身，还会将眼光放在其大股东和实际控制人的未来发展思路上。在全流通时代，做大市值是大股东的一个非常强烈的动机。如何做大市值？无非就是在股价和股本上做文章，进一步地说，就是把自身的净资产规模和业务规模做大，从而使得股本也随之扩大。那么如何把自身的规模做大呢？无非是资产注入、兼并收购和自主投资等等，也就是充分发挥大股东控制和整合资源的力量，最终使盈利能力得到提高。一旦投资者对其有足够的信心，股价也就上去了，股东利益最大化的目标也就能够实现。这就是为什么强调研究上市公司也意味着要研究其大股东的原因。需要说明的是，此处涉及的信息分析可能就不再局限于F10了，而要求我们采取顺藤摸瓜的方式主动搜寻，这也是所谓的"功夫在诗外"。虽然内幕人更容易获得这样的信息，但千万不要因此就觉得普通投资者根本无法接触到有价值的资讯，只是需要多一份苦功，多一份琢磨，多一份有艺术性的想法罢了。

那么怎样对大股东进行深度挖掘呢？

首先，当然是要摸清大股东的"底牌"有哪些，也就是说持有的资产有哪些。如果大股东下面有多家公司，并且存在与上市公司业务重叠或同业竞争的情况，那么就有可能横向兼并和混合兼并（如中材国际）；如果大股东同上市公司之间存在较多的关联交易（或为上市公司提供原材料，或将上市公司产品再作深加工），那么就存在将上下游资产注入上市公司的可能，即表现出更多纵向兼并的特点（如青岛海尔，自 2019 年 7 月 1 日起，该公司股票简称由"青岛海尔"变更为"海尔智家"）。

其次，假如大股东实力雄厚，而上市公司又是其独子，那么就存在较大的资产注入的可能性。需要说明的是，大股东实力雄厚，既指大股东自身有较多的优质资产，也指大股东有可以调动的资产（如东方宾馆，自 2015 年 6 月 11 日起，该公司股票简称由"东方宾馆"变更为"岭南控股"）。也就是说，大股东当下有什么固然重要，但更重要的是大股东未来能够拥有什么。

换个角度想，即使目前的大股东不怎么样，但与之相关联的（业务、区域或关系）其他潜在股东也是值得关注的。毕竟在中国，壳资源本身就是一块让很多人虎视眈眈的大肥肉。

最后，要考虑国企的特殊情况。那些最终控制人是地方或国务院国资委的上市公司，会出现国有资产由下级公司向上级公司无偿划拨，或者由实力更大的代替实力较小的，如由央企代替地方国企成为新的大股东等情况。其实质是，大股东调动资源的能力更强了，资产整合的力度更大了，也就预示着相关上市公司未来的发展空间更为广阔，业绩提升更有实力支撑。

股本情况——辩证理解主力追踪的异动

前面提到，在全流通时代，大股东有强烈的做大市值的动机，而市值的放大往往伴随着股本的扩张。对上市公司股本情况的研究，一可以利用股本的变动辅助对筹码分布的研判，二可以通过对比历史感知该企业的成长性，三可以通过流通股与总股本占比的微妙关系把握股东对企业未来发展的态度。

◇ 主力追踪不灵了？

在《操盘论道入门曲：看透 F10》里，我曾经介绍过通过"主力追踪"栏目的"股东户数"和"户均持股"可以辅助对主力的筹码收集做出研判，但这里要提醒各位的是，切莫以此为唯一的判断标准。一看到股东户数变少了，户均持股变多了，就认为主力即将启动；反之，又认为这只股票没戏。久而久之，就会形成一种机械般的条件反射，这是错误的心态。我一直强调的是，一种盈利模式要成熟，必须通过系统的综合研判。有时候连公司的股本通过增发或者送股配股都已经发生了翻天覆地的变化，而投资者还是一味盯着股东户数和户均持股，而不加以具体分析，那就太过片面和轻率了。

另外，需要再次提醒的是，"主力追踪"栏目的应用还必须结合历史数据的纵向比较和技术形态进行具体问题具体分析，当然还需要把握好"物极必反"的道理，只有这样的综合研判才会具有实战的意义。

不然，踏空了牛股或者一不小心被套，可别怪主力追踪不灵了。

◇股本变化反映公司成长历程

真正具有投资价值的上市公司必然经受过历史的检验，成熟稳健的主力在面对各种标的时当然也会考虑该公司是否有过规模迅速扩张的成长历史。伟大的公司总是在一次又一次的蜕变中壮大腾飞的，因为企业的盈利能力和抗风险能力都离不开规模。规模扩张的同时也意味着股本的变化。具体看待股本变化的问题时，我们至少要明确三点：①该公司是否在未上市前就已经是巨无霸级别的"大块头"；②其所处的行业是否已经处于成熟末期或衰退期；③它是否具备雄厚的分红扩股潜力。

如果一家公司本身既不具有航母级的规模，其所在行业的其他竞争对手又个个茁壮成长，而它上市数年，股本的扩张几乎停滞不前，连分红扩股的潜力都不具备，这样的标的恐怕只能是"食之无味，弃之可惜"的鸡肋了。

不过仍然要关注大股东对这家公司的未来的态度。假设大股东（当前的或是潜在的）家底够厚，手中的资源够多，那么面对一个"扶不起的阿斗"，也会存在想使其脱胎换骨、重新做人的可能。关注股东变化只是把握公司成长的一个侧面，不能以偏概全，但它具有独特的研究价值。

因此，主力资金要想捕捉到成长性好的标的，尤其是对于长线资金而言，要重点考虑其股本的扩张潜力。如果上市公司盈利状况良好或者大股东有实力，而目前其股本还只是一般规模，那么这种潜力就有了更大的发挥空间。

◇流通股与总股本占比的启示

关于做大市值的问题，主力不仅会考虑上市公司股本的大小规模，还会关注股本的结构情况，即流通股占总股本的比例大小。流通股占总股本比例小，意味着在二级市场上只需要用较少的资金就能成倍地放大其总市值；相反，流通股占总股本比例越大，则意味着这种放大的杠杆效应越小，甚至没有。这种"四两拨千斤"的放大效应是主力和股东都关心的问题。为什么？道理很简单。对于市场的主力而言，尤其是在股指期货时代，要想很好地撬动大盘指数，就要很好地撬动权重板块。进一步来说，要想消耗较少的资金控制较多的权重成分，就需要以流通股占总股本比例较小的权重标的作为重点运作对象，进而更好地影响大盘指数走向和市场情绪。这从一个侧面说明，以投资个股为主的普通投资者，不能一味地依据指数的一时涨跌指挥自己的具体操作。

对于大股东而言，如果能用较少的资金合理地放大上市公司的市值，不仅能够扩大未来因扩张需要而进行再融资所获得的资金规模，而且还可以为以后抛售部分持股打下良好的基础，何乐而不为呢！当然，从另一个角度而言，普通投资者观察一家公司的市值时，也要考虑到这种由流通股带来的杠杆效应所造成的市值泡沫和幻觉，因为市值和公司的实际价值往往相差甚远。但有一点可以肯定的是，那些流通股占总股本比例较小的个股，从主力资金运作和大股东做大市值的角度看，就又多了一分潜在的"价值"。

经营分析

一般而言，用传统理论对上市公司的经营情况进行分析时，会对业务的历史数据进行同比和环比分析，并且结合财务数据的变动趋势试图对该企业的业务盈利状况做出判断和预测。这种方法有一定的科学性，但也存在明显的不足。如果单纯从数据变动入手，这个分析的前提在某种程度上就是假设市场完全有效，但是我们也很清楚，这种假设往往只是理想状态，所以数据表象与商业实质常常存在着巨大的差异。可以说，脱离了对公司商业内涵的深刻理解，所谓的数据分析就是知其然而不知其所以然。因此，无论是企业的经营者还是主力，都会试图深度挖掘数据背后的意义，从而准确把握企业商业模式（尤其是业务模式和盈利模式）的优劣。实业界和学术界对商业模式的探讨也可谓见仁见智，这里仅向大家介绍主力机构比较关心的方面，读者还可以根据自己的理解拓展分析思路。

主营结构折射公司的当下与未来

《操盘论道入门曲：看透 F10》里的"经营分析"栏目直观地展示了业务或产品项目的收入、利润、各部分占比和毛利率等数据，我们从前三者可以感知，目前，企业的哪一块业务或哪一种产品是比较重要的，从毛利率可以大致判断其行业的发展程度或其在该行业中的竞争地位，通过历史数据的纵向对比还可以把握近两年的变动趋势、各个区域的销售比重等，这些都是很容易被察觉到的表象。投资者在进行深入的价值挖掘时，必须考虑的问题有：这些当前最重要的业务或产品是否是所在行业的龙头？当下占比不高的业务或产品的潜力如何？影响业务或产品核心竞争力的因素有哪些，公司目前或未来掌控这些因素的情况如何？目前所涉及的行业地位和未来的前景如何？有没有可能与未来的板块热点相结合？等等。主力之所以对这类问题非常重视，是因为主营业务通常反映着一家上市公司绝大部分的内在价值，而仅仅从数据的表象来分析很难比别人更深入地挖掘出更多的价值。从表中数据看出弦外之音的能力高低，往往也反映出投资者价值挖掘能力的高下。

从"微笑曲线"说开去

企业的经营者很关心什么样的行业或者业务最赚钱，同样，主力机构投资者也想知道：上市公司目前所处的行业或者已有的业务是否很能赚钱？如果还不是非常有"钱"途的话，那么它未来最有可能往哪个方向发展？如果在挖掘这两个问题时能做到先人一步，那么在把握投资标时也就能更坚定地持股吃大波段或勇敢地提前潜伏。这里向大家介绍的"微笑曲线"这个概念，可以作为一种分析工具，帮助我们把握企业在某个特定行业里所处的竞争地位和前景。

在当前全球化竞争趋势的压力下，产品生命周期越来越短，在某条产业链的上、中、下游里，附加值较高的环节主要集中在两端（即上游的技术开发、设计、原材料供应、关键零部件和设备生产等，下游的销售网络、售后服务和品牌建设等），而中游的来料加工、组装和制造则附加值较低，这种附加值两端高中间低的曲线就被称为"微笑曲线"。谁占据了高附加值的两端，谁就拥有了高盈利能力的优势。

这也是目前上市公司的收购兼并有不少都冲着产业链纵向整合（即上下游整合）发展的原因。而主力机构顺着这一思路，则可以顺藤摸瓜地把握住标的所处产业链的具体位置，从而更准确地评估其主营业务的价值。当然，我们还可以进一步通过毛利率来辅助判断其业务附加值的高低。毛利率越来越高的业务环节，其附加值更高。如果企业在竞争较为充分的背景下仍然具有高盈利的业务优势，那么这家企业的内在价值显然可看高一等。通过"微笑曲线"对上市公司的主营业务进行深入分析，我们可以超越数据的表象，从商业本质的角度把握其实际价值。懂得了这一点，相信在看到《操盘论道入门曲：看透 F10》里同样的"经营分析"栏目时，你会比别人看得更深入、更透彻，这也是我当下的思考。

高层透视

董事长的能力关乎公司内外

我曾经在《操盘论道入门曲：看透 F10》里提到，选择公司的过程就是选择人的过程，而董事长作为公司长期发展方向的掌舵人，更是灵魂人物。当时介绍的分析思路是从"任职起始日"这一信息入手，结合公司股价的阶段波动，判断掌舵人是元老还是新锐，让判断结果指导具体操盘的阶段性策略选择，是稳健的还是激进的。

如果更进一步地从价值挖掘的角度透视上市公司的高层，可以从成长经历、座右铭和未来目标三个方面去解读企业的领军人物，这对于深刻感知投资标的的内在价值有独特的作用。

董事长是掌控上市公司未来发展方向的总舵手，他的成长经历越丰富，对社会和商业运行本质就有越深刻的理解。也就是说，如果董事长已经活出一种境界，能把钱赚得如一种人生艺术，那么其掌舵的上市公司也会与众不同。倘若董事长一路走来的成功经历能打动投资者，那么相信其手中的公司也同样会震撼投资者的心灵。什么样的经历更显得有价值？我的看法是：经历过失败和成功、由底层做起、有跨界"折腾"的能耐。

我们再来看座右铭。这表面看似无足轻重，但每个人都有指导其生存和发展的哲学，这一套人生哲学将会影响他的一举一动，从而也反映出他对公司发展的观点和态度。董事长常常挂在嘴边的座右铭或者口头禅，都能深刻地体现出他的企业观，并最终影响公司的发展战略。

最后就是董事长在某一时期对公司未来的经营和发展目标的思路，这直接关乎主力投资标的的潜在价值。企业是采取收缩还是扩张战略，是集中于主营业务还是开展多元化经营，是成本领先还是突出差异，都是主力机构希望从董事长的计划中获取的信息。

总经理的展望

总经理是掌握企业经营大权的管理高层，主要负责根据董事长和董事会商定下来的发展战略，制定和执行具体的实施策略。这会给寻觅投资标的的主力机构什么样的启示？一是进一步解读企业的发展战略，预测其具体落实时会采取什么样的措施、筹备什么样的项目等；二是深刻感知企业管理层的执行力，有些公司高管总是拍着脑袋定方向，睁着眼睛说大话，我们听其言还要观其行，总经理就是观察企业执行力的窗口之一。

另外，上市公司每年公布的年报中都会有"管理层讨论与分析"这一栏，我们可以从这里快速了解企业的"故事"——在一年的经营过程中，什么样的因素影响着公司经营的好坏，公司正在筹划或执行什么样的产品、业务或者项目。总之，从以上这些角度剖析总经理对上市公司的影响，可以帮助主力机构更深入地感受这家企业的潜能到底有多大，实力有多可靠。

需要提醒的是，总经理展望的时间效力一般都是比较长的，这就提示主力机构和其他投资者可以通过观察企业在展望提出后发生的实际变化，验证其执行力的高低，又或者为推测其未来可能发生的大动作多提供一份有力的线索。当然，这不是说要百分百地相信总经理在公开场合所说的话，毕竟公司的竞争对手也盯着这些信息，所以要结合实际，辩证理解。投资是一门需要独立思考的艺术，这里提供的盈利系统只是提高我们赢到最后、笑到最后的概率罢了。

董秘的讲话有艺术

董秘对于上市公司和投资者来说是一个非常有意思的职位。在中国这个年轻的资本市场上，董秘这个特殊群体更折射出五光十色的时代印记。抛开"不务正业"的伪董秘，这里只讨论那些勤勤恳恳、尽职尽责的董秘是如何为主力机构和投资者提供有意义、有价值、可挖掘的线索的。

我们先来看看董秘是干什么的。我国的《公司法》第一百二十三条就对上市公司董秘的职责做出了明确的规定，即"上市公司设董事会秘书，负责公司股东大会和董事会会议的筹备、文件保管以及公司股东资料的管理，办理信息披露事务等事宜"。后来修订的《上海证券交易所股票上市规则》称，董事会秘书应对上市公司和董事会负责，并履行自己的九大职责，包括"负责信息对外公布，协调信息披露，组织制定信息披露事务管理制度，督促公司和相关信息披露义务人遵守信息披露相关规定；负责投资者关系管理，协调公司与证券监管机构、投资者、证券服务机构、媒体等之间的信息沟通；关注媒体报道并主动求证报道的真实性，督促公司董事会及时回复本所问询；等等"。董秘就是上市公司的对外发言人，就是公司与监管部门的指定联系人，就是在公司"三会一层"之间奔走的"协调人"，就是沟通媒体的"窗口服务人"。

随着国内投资者的成熟，他们也开始学会充分运用自己手中的权力，主动与上市公司的董秘和证券部相关负责人联系，以获得企业的相关信息。作为对外的正式窗口，董秘的发言和表态都在公司高层的"细心布置"之内。因此，琢磨董秘的发言就非常具有实战意义了。

董事们是潜在能量

当人们的视线集中在董事长、总经理和董秘身上时，那些被忽略的董事仍然有着其不为人所熟知的潜在能量。董事是指由公司股东大会选举产生的具有实际权力和权威的管理公司事务的人员，是公司内部治理的主要力量，对内管理公司事务，对外代表公司进行经济活动。

这其中又会蕴藏什么样的玄机呢？道理很简单，公司的治理和经营最后靠的是人，而董事们（既有可能是法人，也有可能是自然人）所在的领域、所具备的专长甚至所拥有的资源都揭示出这家企业的内在能量。尤其是在董事成员出现变动的情况下，我们更加能强烈地感受到企业可能会发生的深刻变化。

当然，我们假设这里提到的所有公司高层都是具有诚实守信、合法经营的品质的。换言之，如果企业的高管们不能过诚信这一关，劣迹斑斑，无疑会成为永久的定时炸弹。有才华却无道德底线的高管所掌控的上市公司，恐怕也并非投资者们的理性选择。

操
盘
手
记

一切从"开始"准备

甲：你忙起来啦？

乙：嗯，忙起来了，还有点不适应呢。

甲：怎么了，久违的感觉一时上不来吗？

乙：呵呵，骨质疏松久了，一下子要硬起来有点难度嘛！

甲：人就是这样，从一种状态转换到另一种状态是需要一个过程的。

乙：嗯，不过我觉得应该很快就可以适应的。

甲：会适应的。你看，世界面对异常的气候，不也开始慢慢适应了吗？

乙：不见得吧，真正的考验还没来呢！

甲：你也知道真正的考验还没来呀，其实你现在忙起来，未来的考验何尝不是还没来呀！

乙：哈哈，你怎么把这跟气候联系起来了呢？

甲：怕你麻痹呀！气候异常是一个信号，是要高度重视的信号，如果不够重视，最终是完全有可能给世界带来致命冲击的。你工作起来、忙起来也是一样的，你要知道，如果你自己不够重视，不好好准备，不好好让自己调整过来，最后的局面也是很难把控的。

乙：别说得那么严重，不就最多忙不过来嘛！

甲：对，忙不过来看似没什么，但你要清楚，忙不过来可是能累垮人的哦！

乙：说得也是，自己没做好心理准备，没调整过来，忙不过来，是有可能把人击垮的。

甲：明白就好。正所谓不打没有把握的仗，只要准备充分了，自然一切就能够迎刃而解，最终也能轻松自如应付之了。

乙：看来，从一开始就要高度重视，做好充分准备，让自己的状态达到适应未来的需要。

甲：呵呵，对啦，我们去看电影吧。

乙：好，劳逸结合，走！不过，我告诉你，明天我可是要写一天东西的哦！

甲：呵呵，那就对了。

气候异常不可忽视，同理，一旦开始工作，就要高度重视自己的状态变化，很多东西都是从细节开始变化而成的。我们需要懂得调整自己、看透本质，只要我们做到了，那就一切都会很轻松了。

这个世界上，很多人都在忙碌着，也有不少人因为过度忙碌最终被累垮了，这有工作本身的原因，但你是否明白，如果从一开始就调整好状态，可能结局就不一样了呢？就如现在的气候异常一样，如果我们一开始就懂得控制好气候的话……你说呢？

谈使命

甲：全身心去旅游的感觉真好。

乙：怎么好法？

甲：无忧无虑，忘记一切，尽情享受，自由自在。

乙：因为你的生活中少有这样的状态，才会感觉真好。如果你一直在旅游的话，也会有想念工作的时候。

甲：或许吧，但至少现在不会，哪怕旅游一辈子。

乙：哈哈，你做不到的，因为你的使命不是一辈子旅游呀！

甲：哈哈，我也知道不可能。不过我现在真的非常享受这样的状态。

乙：这是需要的，这也是你生活中不可或缺的一部分嘛！

甲：每次全身心旅游回来后，总会发现自己的内在好像有了明显的进步。

乙：嗯，这是释放能量所带来的必然结果。行万里路犹如读万卷书嘛！

甲：工作，全身心旅游，工作，再全身心旅游，这样的循环挺适合我。

乙：这就是你。

甲：我爱我自己，我爱这个世界。

乙：希望你的未来更美好，我永远支持你。

甲：谢谢。

乙：不客气，这也是我的使命。

每个人都有属于自己的来到这世界上的使命，不过有时候要认清自己的使命并非一件容易的事情。

能够认清自己的使命同时又非常享受，这样的人不多。如果你进入这少数人的行列中，那就好好地履行自己的使命吧。

爱自己，爱世界，履行自己的使命，这就是充实的人生吧。

价值地位面

当主力从个体的角度深度挖掘投资标的的价值后，就会把眼界抬高，上升到群体角度去思考个股的内在价值。而衡量个股所代表的群体的潜在能量大小时，就需要联系其在整个资本市场上所占的地位进行系统研判。因此，这里我提出"价值地位面"的概念，来探讨其如何通过市场情绪波动影响个股的内在价值。毫无疑问，同时拥有价值基本面和价值地位面优势的个股更受主力资金的青睐。

行业和区域地位

跳出公司看其价值的位置

判断一个国家经济的总体运行状况不仅要看其发展速度和规模，还要看其发展结构和质量。同样的道理，资本市场上的各行各业也会在不同的时期有着不同的地位。就我们国家而言，房地产一度是引人注目的支柱型行业，因此投射到股票市场上，房地产行业板块是传统的权重板块，而房地产板块的龙头万科 A 更是行业的风向标、市场走势的引领者。这其中蕴含着资本市场运行的内在规律。比如说房地产等权重板块在市场不同发展阶段的波动有着独特的市场意义，它的潜伏震荡、启动拉升、猛烈杀跌等一系列动作对于整个大盘的走势来说都是具有引领性的市场信号。又比如有色金属板块由于资源的稀缺性而极具市场炒作号召力，这一行业板块对市场人气具有无可比拟的震撼力，因此一旦其中的优秀个股逐渐走俏，其在爆发时就更容易受到场外资金的追捧，因此走出的行情常常让资质平凡的板块望尘莫及。再比如 2010 年年初的海南板块，由于受国际旅游岛成立的政策刺激，一时成为市场焦点，但因为其在政策受惠初期还处于概念炒作阶段，所以行情来得突然去也匆匆。说白了，如果我们能研判出某个个股所在板块的市场地位，就能更加全面地感知其内在的潜伏能量大小，提高对市场走势运行规律的认知，从而更好地做出投资决策。

那么如何系统地研判个股所属板块的价值地位呢？答案并不复杂。第一，跟着国家政策走。我们国家实行的是社会主义市场机制，在经济的战略部署上有着高度的统一性，因此寻找国民经济发展的中流砥柱是第一步。第二，认清市场周期性波动的情绪。资本市场上的战争往往是少数人的胜利，但不幸的是多数人的情绪总是充斥着整个市场。尽管情绪波动不可避免，但这也为先知先觉和有独立研判能力的主力机构与投资者提供了极佳的市场机会。而"在别人恐惧时贪婪，在别人贪婪时恐惧"再加上"知行合一"，恐怕就是最好的建议。第三，学会多角度地为个股划分类别。从行业或者地域进行划分是股票行情软件上的做法，但我们要学会从企业的具体业务、产品和运营情况等方面去发现潜在的题材。
第四，寻找个股的市场记忆，也就是说其历史走势是否有连续涨停的疯
狂因子，或只是稳扎稳打的优势白马，等等，这些市场印记一旦让行情
启动，就能引发市场极大的联想和共鸣。

一个好汉三个帮，有集团军配合作战更有底气

上面提到，板块波动的市场意义更多地来自引导人气和热情，这
是能让人一下子就抓到的表层现象。也就是说，连板块都有大动作时
才去捕捉战机往往是滞后的。因此要吃到大波段，就要懂得提前介入、
潜伏。而潜伏的前提条件就是把握住不同板块之间、同一板块不同个
股之间的轮动关系。

之所以会出现轮动，是因为市场各个参与者之间存在内在分工，
有些是打响头炮的急先锋，有些是响应号召的中坚，而有些则是最后
冲锋的友军。具体体现在盘面上，就是具有相同板块属性的个股走势
出现联动的市场特征。说白了，某些个股之间存在着"跟随"的波动，
一只龙头股率先拉升，另一只股应声爆发，而回落和蓄势再起的节奏
也几乎一致，集团军配合作战的态势也就表露无遗。因此，拥有三五
成群的个股响应并形成攻防有序的格局的投资标的，无疑更容易被主
力机构挖掘并成为其重要的投资标的。

比如2010年第三季度爆发的以有色金属为主线的超预期反弹行情，
就极大地激起了当时一度低迷和恐慌的市场人气。当时先是以太原刚玉
（自2016年3月7日起，该公司股票简称由"太原刚玉"变更为"英洛
华"）、横店东磁、北矿磁材（自2016年6月29日起，该公司股票简称

由"北矿磁材"变更为"北矿科技"）等稀土永磁概念的题材股为前锋引起市场目光的聚焦，然后由包钢稀土（自 2015 年 1 月 20 日起，该公司股票简称由"包钢稀土"变更为"北方稀土"）和广晟有色等稀土兼并重组概念的题材股作为中坚力量，逆大盘之势，继续扛起有色行情的大旗，接着战火蔓延到中金岭南、紫金矿业等黄金概念股以及江西铜业、云南铜业等铜品种，紧随其后的就是锡、锌、铝等小金属品种，至此，有色板块点燃的市场热情传播到其他板块，连整个大盘也由权重股带动连涨 500 多点，令行情达到最高潮。

试想一下，如果能早一步洞察到有色板块当时在外围大宗商品铜等有色金属大涨突破前高的格局下，有极大概率会成为 A 股市场超预期反弹急先锋的话，那么之前在市场低迷时的坚定潜伏是多么值得！进一步说，抓住有色板块个股之间内在的联动关系，在不同阶段抓住不同有色品种的主线难道真的是不可实现的幻想吗？其实，当我们理解了价值地位面对于市场情绪的波动营销后，就能更深入地挖掘到具体个股的内在能量了。

市场地位

当主力机构从个股所属板块群体的角度去感知投资标的的价值地位后，个股就会重新回到其本身的市场地位。这里说的市场地位有三层意思：第一，这只个股的活跃度如何，曾经参与其中的博弈各方有过怎么样的交锋；第二，这只个股的现实和潜在交易者如何看待它；第三，这只个股是否有自己的独特亮点，能够点燃未来市场的人气和激情。换句话说，主力机构此时思考的问题是：投资标的在市场参与者心中的地位如何。因为当主力要真正开始接盘个股时，它要进行的就是一场和各个交易者之间的资金与心理上的博弈，而最能影响个股交易者心理变化的就是该股的集体记忆、共识和盲点。

每只股票会让投资者身处特色迥异的战场

股票市场是一个战场，这是站在交易者相互博弈的角度来解读的。市场参与者或是利用资金去换取筹码，或是利用筹码去换取资金，但目的都只有一个，就是低买高卖赚取利润。那么决胜的关键是什么呢？答案很简单：资金、信息和心理的优势。对于主力而言，资金优势最大，信息优势次之，心理优势又次之。为什么？因为主力可以运用资金（筹码）引导个股短期的走势；而主力获取信息需要进行深度挖掘，而且对企业最熟悉的还是企业内部的管理高层；至于心理方面，主力也是普通人，要真有优势，那也是建立在资金优势和信息优势的基础之上。

进一步说，主力在操作具体个股时要思考的核心问题是：如何用较低的成本吸收大量的筹码，进而用适量的资金引导筹码价格飙升，最后在较高的价格上卖出大量筹码。因此，不同个股的原有交易者、其他潜在交易者和场外交易者就成了主力的博弈对手。比如面对绩优股，原有交易者不会轻易低价卖出手中的股票，主力在建仓阶段可能会倾向采取用时间换空间的手法，缓慢收集筹码；而面对业绩平平的个股，原有交易者中更多的是短线客，更关注价格波动，这样主力在建仓阶段就可能采取大开大合的强悍手法；等等。关于这方面的具体内容，会在这套书其他分册中详细介绍。

总之，面对具体个股准备操盘前，对市场各方参与者的已有信息和心理进行摸底是主力资金必须要做的基础工作。因此，普通投资者也应该予以相当的重视，这也直接影响着他们的交易策略。

每只股票都会为投资者带来抹不掉的记忆

具体个股的市场交易者有什么样的记忆，会在很大程度上影响他们的交易心理。这种记忆一般包括基本面和技术面。刚刚经历过数波大调整的股票持有人往往已经接近精神崩溃的底线，这时只要主力抛售少量筹码就会制造出极大的恐慌，从而收集更加廉价的筹码，完成建仓和拉升前的准备。如果某只个股曾经有过辉煌的历史走势——我称之为具有疯狂的因子——那么在拉升的时候只需要效仿历史走势的第一步，煽风点火一把，剩下的就可以交由其他市场参与者去疯狂参与了，于是"历史又会重演"就成了市场后人者的自我实现过程。如图 3-2、图 3-3 所示。

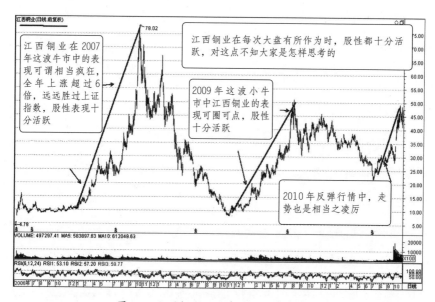

图 3-2　江西铜业 2007 年至 2010 年走势图

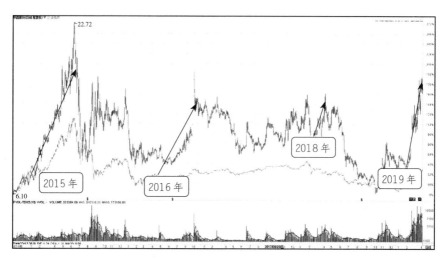

图 3-3　华鑫股份 2014 年至 2019 年走势图

【学习重点提炼】

　　华鑫股份在2015年这波牛市中的表现可谓相当疯狂。全年上涨272%，远远跑赢上证指数，股性表现得十分活跃。不仅如此，在2016年8月和2018年3月份的反弹中表现异常出色，2016年间的85个交易日内换手率达到了230%，平均每天换手率为2.7%。在2019年间的78个交易日内更是达到了区间换手率531%的高峰，平均下来每天换手率高达6.8%。

　　特力A是2015年最具备疯狂因子的牛股，甚至被称为妖股。从2015年7月9日到8月12日，当大盘刚刚经历完第一次股灾，个股仍在横盘整理之际，特力A连续上涨并创出当时的历史新高；在9月9日，同样是股灾（2015年股灾2.0）之后，大盘刚刚站稳，特力A又开启了疯狂的拉升，直至10月23日（增长了3.7倍），每一次都远超大盘；11 月 24 日，特力 A 再度发起勇创新高之势。如图 3-4 所示。

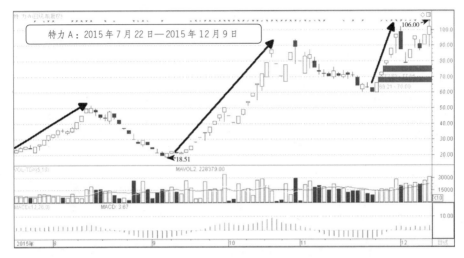

特力 A：2015 年 7 月 22 日—2015 年 12 月 9 日

106.00

18.51

图 3-4　特力 A2015 年 7 月 22 日至 2015 年 12 月 9 日日线图

这便是疯狂因子的威力，一旦塑造了疯狂的形象，便被场内的热钱关注，更容易被资金追捧，"历史重演"便不足为奇了。

【学习温馨小提示】

2019年1月17日，顺灏股份全资子公司云南绿新取得加工大麻花叶项目申请批复，并收到工业大麻种植许可证。

消息公布后当日立刻有资金入场，股价涨停。在70%的涨幅过后，顺灏股份出现短期调整，可是作为市场第一大麻概念股并不会如此轻易停止炒作，截至2019年4月9日，顺灏股份股价从4.17元涨至23.59元，上涨365%。如图3-5所示。

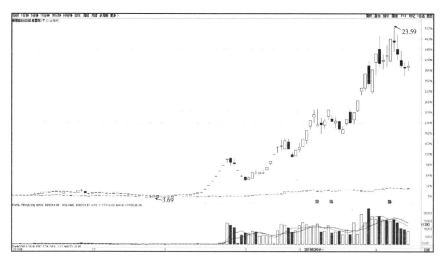

图 3-5　顺灏股份 2019 年 1 月至 2019 年 4 月日线图

因此，主力选择投资标的的时候，也会考虑该股是否具有疯狂因子。疯狂因子意味着尘封的人气就像一时沉寂的活火山一样，只要主力在时机成熟后压上最后的稻草，出现的就将是人气喷发的火爆行情。

但如果该股缺少这种疯狂因子呢？这并不意味着就不会受到主力资金的青睐。就像人有不同的性格，各个主力的操盘手也有不同的操作风格。有的喜欢稳扎稳打，不求涨停只求涨个不停；有的喜欢一鸣惊人，一飞冲天，当然是来也匆匆去也匆匆，比的就是速度。正所谓"物以类聚，人以群分"，交易者的个性塑造股票的个性，股票的个性又会反过来强化交易者的个性。这也告诉大家一个道理：如果你是急性子，却遇上一头慢牛，你很可能失去耐心而提前离场；但如果你是慢性子遇上一匹黑马，那么很可能会在过山车式的行情里空欢喜一场。投机也需要投缘，说的就是这个道理。

每只好股票都应有自己唯一的亮点

市场记忆实质上就是上市公司的成长历程，有疯狂因子使股价波动的公司必然也会有脱胎换骨的"疯狂故事"，这意味着企业本身价值的质变和升华。从利益最大化的角度看，主力资金会更青睐哪种投资标的？恐怕就是那些能不断在量变和质变中使内在价值得到升华的上市公司，而质变过后形成唯一性亮点的企业更是极品中的极品。道理很简单，因为唯一意味着稀缺，"物以稀为贵"，这样的投资标的当然是好股票了。如图 3-6、图 3-7、图 3-8 所示。

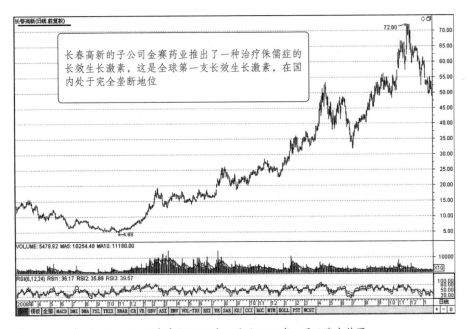

图 3-6　长春高新 2008 年 4 月至 2011 年 1 月日线走势图

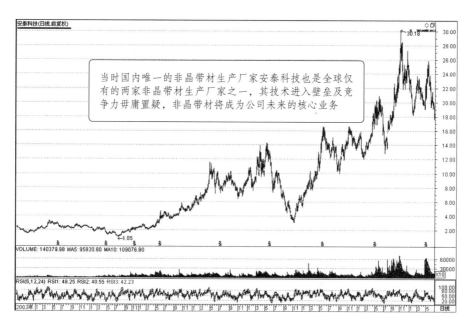

当时国内唯一的非晶带材生产厂家安泰科技也是全球仅有的两家非晶带材生产厂家之一,其技术进入壁垒及竞争力毋庸置疑,非晶带材将成为公司未来的核心业务

图 3-7　安泰科技日线走势图

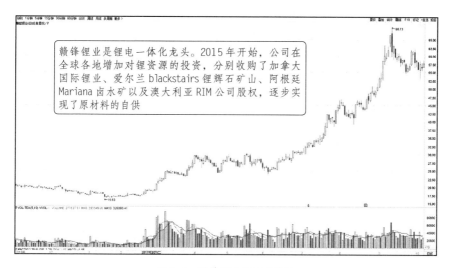

赣锋锂业是锂电一体化龙头。2015 年开始,公司在全球各地增加对锂资源的投资,分别收购了加拿大国际锂业、爱尔兰 blackstairs 锂辉石矿山、阿根廷 Mariana 卤水矿以及澳大利亚 RIM 公司股权,逐步实现了原材料的自供

图 3-8　赣锋锂业日线走势图

唯一性如何寻找？可以从上市公司主营业务的地位入手。该公司的业务是否领跑全国甚至独步全球？是否正在研发一种竞争对手没有而市场潜在需求旺盛的产品？是否具有独一无二的竞争性资源，比如高端人才、原料供应、销售渠道等等？也可以从上市公司的内部结构入手。该公司是否是其集团唯一的资本平台？找到唯一性亮点的关键在于对公司基本面的深入挖掘。无论是机构为了讲出"不一样的故事"，还是市场对稀缺性资源的追逐天性，具有唯一性亮点的投资标的都是交易者的共同追求。

操
盘
手
记

戴的面具别太夸张

甲：请问一下。

乙：啥事？

甲：为何有些人越没钱就越装有钱呢？

乙：那样才能掩饰他没钱呀！

甲：也就是说有钱的人反而会怕别人知道他有钱——装穷。

乙：嗯，不错，马上就懂得举一反三。

甲：这道理顺延下去，股市上那些越胡乱吹嘘的人往往越没本事，因为他要靠吹来掩饰自己的无知。

乙：哈哈，你说得很对。

甲：不过有个问题，酒香也怕巷子深呀，如果不作适当地展示吹嘘，怎么能让人知道自己有本事呢？

乙：是的，这就要考虑度的问题了。

甲：什么意思？

乙：过度夸张的吹嘘或者一直都在吹嘘的人，基本可以肯定是没本事的人；相反，比较谦虚而偶尔适当吹嘘的人，才可能真正有本事。度掌握得不一样，结果就不一样。

甲：这度无法量化，只能靠感知咯。

乙：只可意会不可言传。

甲：就好像股票操盘一样，很多东西也是只可意会不可言传的，对吧？

乙：是啊，需要亲自体验才知道其中的滋味与道理。

甲：在你身边我发现总是能学到很多东西。

乙：呵呵，哪里，我也能从你身上发现很多东西呢！

甲：你真谦虚，果然有本事。

乙：哈哈，学以致用，是吧。

甲：这就是你的发现，是吧，哈哈。

人有时候戴着面具活着的，虽然都戴着面具，但各有各的模样，而且差距非常大。

戴的面具跟面具背后的面目反差越大，最终走向自我毁灭的概率就越大。道理不复杂，这种反差极大的状况一旦被揭开，杀伤力是惊人的，是一般人所不能承受的，自我毁灭也就不是什么不可能的事情。

做人，可以适当戴着面具，但千万要掌握好度，不要太夸张了，否则就是自我毁灭了。是怎么样就怎么样，是金子总是会发光的，只要我们把握住机会，一切都有可能实现。

市场是怎样的

甲：市场大幅高开后大幅回落，最后几乎没涨，这情景可真让人意想不到呀！

乙：大幅高开后不小心冲进去的人现在也很郁闷。

甲：是啊，真是凶险，怎么会这样呢？

乙：天下没有免费的午餐，尤其是所谓利好兑现时更有可能见光死。

甲：是啊，不过这是长期影响市场的重大政策，未来应该还有反复吧？

乙：是，只是对这重大政策要学会一分为二去看待，别紧盯着所谓的利好因素，也要看到其利空因素，市场在不同的环境中会把不同的因素放大。

甲：确实是，目前很多人只看到利好因素，却忽视了利空因素，这是不是意味着其中暗藏风险呢？

乙：你说呢？市场中最终只会有少数人是胜利的。

甲：真残酷！

乙：这是没有硝烟的战场。

甲：那么接下来该如何把握呢？

乙：不妨坐山观虎斗。

甲：意思是跳出来看而不急于进场吗？

乙：是的，机会什么时候都有，要把握属于自己的机会。

甲：稳健的策略。

乙：不，这是能屈能伸的策略。

甲：不过有时候我控制不了内心的冲动怎么办？

乙：简单，先把你所有的弹药缴械出来，然后我再给你十几颗弹药随便玩玩。

甲：哈哈。

乙：输得起的弹药随便玩以保持感觉是无所谓的。

甲：明白了。

乙：缴出全部弹药吧。

甲：哈哈，好！

对市场上任何政策都要学会一分为二去看待，当大多数人只看到其中的一面时，我们就要学会看到另一面，另一面可能就是最后的答案。

市场博弈的最终结果都是少数人的胜利，这点我们是需要谨记的。在残酷的市场中，当看不透或者感觉有大风险的时候，不妨采取坐山观虎斗的策略，这不是稳健，这是能屈能伸。要知道，一旦投入战场，原先坐山观虎斗的人的能量可能比谁都凶猛。控制不了自己时，最简单的方式就是仅仅拿出输得起的钱去博弈，前提就是把所有弹药都缴械给值得信赖的人。强制缴械，然后拿点出去玩玩保持感觉。

市场就是这样的。

价值引爆点

从内在价值轮回和升华的角度来说，引爆点就是可能引起公司质变的事件；从交易价值的博弈行为来说，引爆点就是主力吸引市场目光的底牌。因此，主力机构在选择投资标的时会非常重视对上市公司基本面进行深入挖掘，然后提炼出一连串价值引爆点。

公司年报季报

一字值千金的魅力

公司年报和半年报中的"管理层讨论与分析"是一个值得主力机构和投资者仔细咀嚼的地方。其中会描述过去一年中，企业经营所遇到的机会和风险，企业采取了哪些措施进行应对，取得了什么样的效果，这些内容都能够帮助读者感知企业的运作状况。尤其值得关注的是"未来展望"或者"新年度计划"这一部分，这里的每一个字都是经过精心琢磨后才公布的，谁能从中解读出管理层对企业未来发展的想法，谁就能更准确地把握未来可能引起企业发生质变的事件。

◇案例一：中材国际

对比中材国际与上证指数的走势图（如图3-9、图3-10所示），我们不难发现中材国际强势特征十分明显。

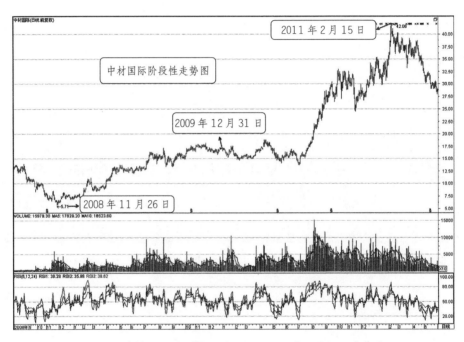

图3-9　中材国际2008年11月26日至2011年2月15日走势图

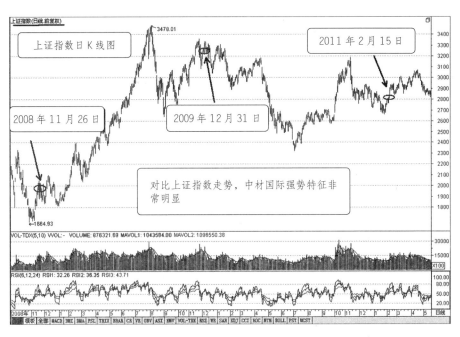

图 3-10　上证指数 2008 年 11 月 26 日至 2011 年 2 月 15 日走势图

中材国际在 2009 年年报中的"新年度经营计划"中就提到：

2010 年度的经营计划是：营业收入较 2009 年增长不低于 8%，归属于上市公司股东的净利润较 2009 年增长不低于 15%，新签合同额力争增长 20%。

为实现上述目标拟采取的工作举措：

（1）紧抓机遇、应对挑战，保持市场稳定增长

充分发挥中材国际的品牌影响力，在巩固好传统市场的前提下，积极开拓新兴市场。把握国际市场企稳回升和国内基础建设投资及水泥落后产能淘汰的机遇，加快产品和服务模式调整，适应国内外市场

客户的要求，提高市场影响力和市场份额。

（2）强化管理、控制风险，保证重点项目的履约

提升合同的履约能力，重点保证国内外总承包项目实施。严格控制工期、进度和质量，加强项目的成本控制能力，增强风险意识，防范重点项目运行风险，并推进公司体系性制度建设。

（3）有效整合、专业分工，推进装备制造业务发展

积极推进装备制造资源的有效整合和业务平台建设，统筹兼顾企业内部资源分工整合与外部并购齐头并进，不断提升公司的装备自制率和重型装备的制造能力，从单一水泥机械制造向相关重型机械装备制造转型。

（4）拓宽范围、发挥作用，推进技术研发向低碳、废弃物综合利用、节能、环保经济方向发展

重点关注水泥行业低碳经济领域、节能减排领域的技术研发，纳入规划，确立课题，支持重点项目。加强科研成果保护与开发工作，建立国家级"水泥节能环保国家工程研究中心"的架构、运行机制及各项管理制度，充分发挥科研平台作用。

（5）一业为主、相关多元，实现增量发展突破

以一业为主、相关多元为发展原则，提升企业核心竞争力。在巩固水泥技术装备及工程业的基础上，探索技术改造、备品备件、生产管理、低碳、废弃物综合利用、节能、环保等相关领域的业务发展。通过兼并收购、新建等多种方式重点发展相关业务。积极探索公司品牌和 EPC 业务模式在相关产业领域的移植，争取在新的业务领域实现

实质性突破。

　　以上透露出中材国际公司 2010 年的具体发展计划，对于主力机构来说，每一点都蕴含着极具含金量的引爆点。比如第一点提到的"积极开拓新兴市场"，由于中材国际的主营业务是水泥工程建设，涉及金额往往是数十亿元，因此每一次订单签订都将会是引爆股价的导火索；又如第三点直接提到"从单一水泥机械制造向相关重型机械装备制造转型"，这意味着公司在某种程度上会发生质变，而质变则是来自"企业内部资源分工整合与外部并购"；最后一点旗帜鲜明地提出"一业为主、相关多元"的战略目标，并"探索技术改造、备品备件、生产管理、低碳、废弃物综合利用、节能、环保等相关领域的业务发展。通过兼并收购、新建等多种方式重点发展相关业务"，可以说，在主力的火眼金睛里，这段话处处都是闪闪发光的金子。

　　如图 3-11 所示，中材国际 2011 年出现了大幅上涨的走势，虽然不敢说这轮上涨完全是因为 2009 年年报透露的积极信息，但无疑与之有莫大的关系。年报的重要性也再次得到了充分的体现。

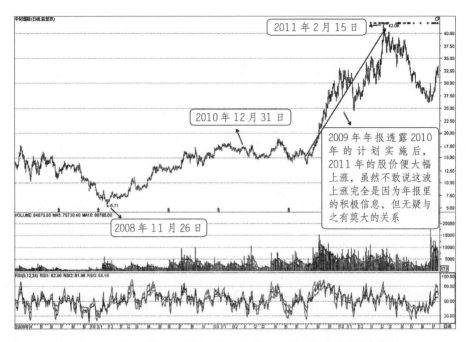

图 3-11　中材国际 2008 年 11 月 26 日至 2011 年 2 月 15 日拉升走势图

【学习温馨小提示】

2019年4月15日，汇顶科技发布2019年一季报。公司2019年1-3月实现营业收入12.25亿元，同比增长114.39%，半导体及元件行业已披露一季报个股的平均营业收入增长率16.51%；归属于上市公司股东的净利润4.14亿元，同比增2039.95%，半导体及元件行业已披露一季报个股的平均净利润增长率为29.72%；公司每股收益为0.91元。如图3-12所示。

汇顶科技在4月初也表明，"屏下光学指纹的规模商用，对公司营业收入及利润产生重要贡献"。

业绩的重要性再次得到体现。

图 3-12　汇顶科技 2018 年 9 月至 2019 年 4 月拉升走势图

◇案例二：广州浪奇

图 3-13 为广州浪奇阶段性走势图。

图 3-13　广州浪奇 2008 年 10 月 28 日至 2011 年 1 月 6 日走势图

广州浪奇 2009 年年报中的"董事会报告"中有 2010 年经营目标及行动计划，如下：

2010 年是承接 2009 年各项调整布局，全面落实"创先创优、突破瓶颈"战略规划的重要一年，根据公司规划的定位及日化行业发展的情况，公司将 2010 年度的工作主题定为"夯实精细管理、有效突破瓶颈"，计划于 2010 年通过大力推进品牌资产管理、优质产品供应、可持续发展支持三大业务板块的瓶颈突破，继续打造健康浪奇，积极推进南沙基地建设，实现如下年度经营目标：

"夯实精细管理"就是要建立知道、做到并做好的公司新型执行文化，把公司实现中期规划的各项行动计划真正落到实处。

"有效突破瓶颈"就是要实现销售收入增长、利润成倍增长和供应链竞争力具有显著优势。

围绕年度经营目标，公司重点落实收入保证计划、利润增长计划、供应链竞争力提升计划、品牌提升计划四项重点计划：

（1）收入保证计划

2010 年销售重点工作在于开展有质量经销商客户的开发及培育，完成各市场客户网络布局工作，为生意发展提供网络支持。公司将集中资源培育重点市场，进行重点品类的推广，实现增长。同时，为实现"双轨并进"的需要，突出一线人员的覆盖和服务的重要性，通过人员的增加加强对门店的控制，并从招聘、培训、督导、考核、激励、淘汰各个方面全面提高营销队伍的执行力量。

进出口业务方面继续稳定发展马来西亚市场，加大对该地区的推广力度，拓宽产品销售渠道，全线进入当地大卖场。加强与美国代理的沟通，建立互信互助的合作关系，发展美国及澳大利亚市场。

公司今年将对磺化生产线进行技改，提升产能，通过自销以及加工客户的订单实现工业产品销售增长。

（2）利润增长计划

公司在2010年采用裁决预算加大各级主管控制预算的压力，实现费用控制目标。

在2009年个别费用实施办公自动化系统申请支出制度的基础上，全面实施各大项费用支出以办公自动化系统流程审批制度，通过系统流程审批等方式用更加严格的手段控制各类大额费用支出。

公司将加大对促销费用的监管力度，通过落实定期预算申报及月度预算分析报告等措施使促销费用的使用得到有效控制，并加强对促销费用的效果问责，加大促销费用的规范性管理。

公司将建立起生产厂成本核算体系，进一步加强生产厂的成本核算。公司全面落实《采购制度》及《招投标制度》，并转变大宗原材料采购方式，采取与有实力的供应商集中采购的方式，降低采购成本。

公司逐步推进及建立与利润和收入挂钩的薪酬体系，拉开各级人员收入的差距，以激发各级人员对于削减成本、增加利润的积极性。积极鼓励一线员工、科技人员、营销人员提出及落实各项节能降耗、配方工艺改进措施等降成本方案，建立专注于削减成本、增加利润的良好企业文化。

（3）供应链竞争力提升计划

为实现公司 2010 年生意目标，针对公司"批量小、规格多、要货急"的市场情况与供应链的保障不足的矛盾，公司计划通过成立供应链管理部，以对订单快速反应为原则，对计划、采购、运输环节进行重新整合，提高供应链竞争力，有效缩短送货时间，加快市场反应速度。并在供应链上游建立高信任度的包装材料和风险共担的材料战略合作伙伴关系，打造以"快、准、好、省"为目标的有竞争力的供应链体系。

（4）品牌提升计划

通过打造绿色节能概念的浪奇产品和超强去污力概念的高富力产品，落实品牌规划，推动新产品上市。公司计划在 2010 年整合推出新浪奇洗衣液、新浪奇洗衣粉、高富力绿茶洗洁精等 MES 产品系列，并建立产品评估和淘汰系统及成功标准的检定模式，严格核定产品成功标准是否符合公司利益最大化的目标。

此外，关于公司未来发展的展望还有以下几点。

（1）资金需求及使用计划

公司在 2009 年完成了对广州市奇宁化工有限公司的后续资金投入，以及投资收购了广州市日用化学工业研究所，并与广东鹏锦实业有限公司组建成立了广东奇鹏生物科技股份有限公司，公司在 2009 年主要依靠企业自筹和银行借款筹集资金。公司投资项目的后续资金压力将会延续到 2010 年，预计上述投资项目尚需投入资金约 4000 万元，因而在 2010 年公司仍然会考虑从银行借款、证券市场筹集资金等途径融资。

（2）风险及应对措施

亚运期间停产的风险：公司位于广州市天河区的厂区靠近亚运会馆，有可能在亚运期间因实施生产管制而停产，公司已制定相应的应对措施，在亚运会举行前做好生产调配，并将充分利用韶关子公司的生产能力满足销售需求，以降低停产所造成的损失。

投资资金压力的风险：公司前期投资的广州浪奇日用品有限公司尚有 3000 多万元的后续资金需要投入，由于南沙制造基地正在建设阶段，估计本年内尚需投入大量资金，仅靠公司的自有流动资金不足以支付上述投资款项，公司除了通过银行借款筹集资金外，在适当时机将通过非公开发行股票等方式筹集资金，以满足公司的资金需求。

企业搬迁的风险：本公司已被列入广州市第二批影响环保类"退二"搬迁企业名单，政府要求公司于 2012 年年底前完成广州市天河区旧厂址生产线的搬迁工作。由于政府目前还未明确"退二"企业的搬迁补偿问题，"退二"企业的搬迁还存在很多不确定因素，因而公司目前无法就此提出相应的方案，也无法估计影响情况。本公司已于 2007 年在广州市南沙区成立广州浪奇日用品有限公司，建设南沙日用品制造基地，该项目在 2010 年开始建设施工，预计在 2011 年中期可建成并投入使用。公司将保持与市政府相关部门的沟通联系，待获得相关信息后将尽快制定相应的方案，并对由此造成的损益进行估量。

本公司将会继续采取各种有效措施，确保生产经营运作正常进行。

广州浪奇的年度计划比较详细，一般投资者往往以为是长篇累牍的废话而对如此重要的内容视而不见。其实正因为具体，里面蕴含的战机更加明显，所以读者一定要重新审视上市公司精心准备的报告。例如在品牌提升计划里提到"公司计划在 2010 年整合推出新浪奇洗衣液、新浪奇洗衣粉、高富力绿茶洗洁精等 MES 产品系列"，这就提示了新一年会有很多新产品推出，而 MES 概念则符合绿色环保的社会需要，并且在当时具备全国唯一性的稀缺特点；而在企业搬迁风险方面则指出"本公司已被列入广州市第二批影响环保类'退二'搬迁企业名单，政府要求公司于 2012 年年底前完成广州市天河区旧厂址生产线的搬迁工作。由于政府在广州浪奇发布这份年报时还未明确'退二'企业的搬迁补偿问题，'退二'企业的搬迁还存在很多不确定因素"，这里又为读者提供了重要信息——土地升值问题，联想到广州浪奇旧厂区所在地段未来的商业前景和升值空间，加上其大股东是广州国资委的背景，这难道还不是一个爆炸性的题材吗？所以说，年报中的"展望"一字千金，此话不虚，就看你有没有用心去挖掘和发现。

如图 3-14 所示，广州浪奇在 2010 年一年中股价从 8 元至 16 元，上涨一倍，同年上证指数处于下跌状态，其走势明显强于大势，其股价的上涨与 2009 年年报透露出的积极信息存在密切的关系。年报掘金的重要性再次得到了充分的体现。

图 3-14　广州浪奇 2008 年 10 月 28 日至 2011 年 1 月 6 日上涨走势图

"利润"之外的价值

投资性资产：交易性金融资产、可供出售的金融资产、持有其他上市公司股权、投资性房地产、持有创业投资或准上市公司股权、商誉、少数股东权益。

时间窗口露玄机

对于时间窗口，后面有详细的阐述，在此不做重点分析。

其他引爆点

重要事项

如资产重组、借壳上市、新产品开发、重要合同签订、分红扩股等。

①主力的重要底牌；

②每张牌都是一个角色；

③坏牌也有妙用。

关联企业

主要指控股股东以及其控股子公司。

①虎父无犬子；

②会下金蛋的好母鸡。

特殊事件

如自然灾害、新闻报道、股权投资、土地存货升值等非经常性收益。

①金子不是总会立刻发光；

②市场狂热气氛下发酵的面包。

概念题材

主要指关联个股的联动性。

①吃着碗里的，看着锅里的；

②好股票不应只有一个好题材。

操
盘
手
记

从自然界中看到未来

甲：终于结束了。

乙：什么结束了？

甲：北京之行。

乙：旅游吗？

甲：不，是公干。

乙：值得高兴。

甲：是呀，所以松了口气。

乙：还有机会再去北京吗？

甲：那当然，而且肯定。

乙：结束也是新的开始。

甲：是的，这次的结束会带来更好的新开始。

乙：你的乐观与坚持让我欣赏。

甲：呵呵，谢谢。

乙：看看飞机窗外的景色。

甲：蓝天白云融在一起了。

乙：是的，一蓝一白，这就是在飞机上看到的景色。

甲：看这有什么意义吗？

乙：你的未来就在这景色之中。

甲：不明白。

乙：蓝白融合在一起，自成一体。

甲：还是不明白。

乙：融合、自成一体，这就是你未来的关键词。

甲：别卖关子了，告诉我什么意思吧。

乙：你慢慢会明白的。

甲：……

人，有时候需要从一些难得的景色中寻找自己的未来，有时候你看到的就是自己的未来。从自然界的现象中看到一些未来可能出现的关键词，这不是迷信，而是一种把握未来的大智慧。

学会从自然界中看到自己的未来，在复杂多变的股票市场中也是同样的道理，这就是我要表达的思想。

谈贵人

甲：小弟，很有缘分呀！

乙：是呀，大哥，想悄悄来悄悄走都不行，这世界真小。

甲：上帝安排的。

乙：呵呵，挺开心的。大哥家真热闹。

甲：嗯，介绍一下，这是我助理，这是我邻居，这是我岳母……

（一番寒暄后）

乙：大哥这样说，我都不好意思了。

甲：我看好你。

乙：真的非常感谢大哥的厚爱。

甲：你以后别那么客气，当自己人就是。

乙：嗯。

甲：下次我去美国考察带你一起去。

乙：好的，记得提前通知我，我好做准备。

甲：没问题，行万里路犹如读万卷书，你是应多去国外见识见识，拓宽一下眼界。

乙：我一直很想去趟美国，以前没机会，现在有了，真的挺开心。

甲：中国资本市场的未来就靠你们了，你还年轻，未来空间无限大。

乙：定当尽最大努力报效祖国。

甲：结婚没？

乙：结了。

甲：嗯，要有责任感，这才是真正的男人。

乙：孩子也有了，责任感很大。

甲：为你的不断成长开心。

乙：永远感恩。

在这个世界上，如果你碰到一两个能够为你的成长提供无私的帮助的贵人，那是值得庆贺的。有时候，是否有贵人帮助你成长，在很大程度上决定着你最后的成就有多大。在复杂的股票市场中若有幸得到贵人点拨一二，那么你的技艺提升将事半功倍。

怎样才会遇到贵人呢？难以言传，但有一点是必然的，那就是要懂得如何做人。人的格局有多大，遇到贵人的概率就有多大。

04

价值误区

题材的含金量

对题材的正确认识

真题材：本身价值发生质的变化。

虚题材：仅仅是其交易价值发生变化。

何为题材？如何挖掘与把握题材？题材就是炒作股票的一种理由。市场主力炒作任何一只股票都要有相当的理由和依据，才能吸引市场上的跟风盘，否则，主力只能一路自拉自唱。

市场上的题材千变万化，但总的来说，一些较为常见的题材万变不离其宗，具体可以归纳为以下几类：

①业绩改善题材；

②企业成长题材；

③国家产业政策扶植题材；

④资产重组或股权转让题材；

⑤转配送股题材、分红题材；

⑥控股、股权收购题材。

炒股和题材有千丝万缕的联系。正所谓"出师有名""名不正则言不顺，言不顺则事不成"，干什么事若有个好的"由头"，理由充分，就会顺利许多。做事的理由即为题材。

尽管对操盘的主力来说，挖掘题材、炒作题材仅仅是一种获利的手段，然而不可否认的是，题材毕竟赋予了大盘新的生命力。没有题材的股市，犹如一潭死水。虽然某些题材存在一定的不确定性，但是存在即合理。不管你肯定还是否定题材，都应该看到无论是在成熟的国外市场还是相对年轻的中国 A 股市场，都有一个题材效应。众所周知，股市中有各种各样、轻重不均、虚虚实实的题材，题材与盘面的走势、周期以及市场热点水乳交融、紧密相连。这就是为什么有时候大盘指数上涨了许多点，有的人却赚不到钱，而大盘进入下跌的趋势中，有的人还能赚得盆满钵满。这一现象至少说明了一个道理：重视市场题材效应，顺势而为，往往更容易抓住股市中的盈利机会。当然，我们在进行实战操作时需要切记的是，市场的热点题材对我们来说只能起到辅助的作用，而不是选择标的的全部依据，毕竟支撑上市公司股价的还是公司的本质。我们太过看重题材效应，就有可能会走火入魔，所谓"物极必反"就是这样的道理。尽管如此，不可否认的是，一些实质性的题材有可能看似不足为奇却会激起千层浪，这就是题材带来的效应。

如何甄别题材的实质性

当然，题材包括实质性的题材和虚的题材。实质性的题材可能为我们带来实质性的效益；而那些虚的题材就是海市蜃楼，看似美好，但最终只是遥不可及的，其一旦破灭，带来的杀伤力将是十分恐怖的。那么我们该如何甄别呢？

我们应该对我们搜索操作的品种的题材性有较为深刻的认识，而且要做到先人一步。这就要求我们真正沉淀下来，不断地去挖掘其中蕴含的一些本质性的东西。总的来说，面对炒作题材，我们在实战操作中应该特别注意以下几点：

①辩证地看待题材的炒作，判断其真正的价值为几何。当股票的交易价值高于其本身价值太多甚至高得近乎疯狂时，我们就应当足够重视。我们要时刻谨记，真正的含金量是实际价值。

②跳出题材本身的局限，结合当时整个市场格局进行判断。我们要清醒地认识到，市场目前正处于什么阶段。因为当我们跳出题材自身的范围，放眼整体市场大格局时，我们反而可以更加清晰地理解标的品种的真正含义。正所谓"岸边看海波涛汹涌，高处看海风平浪静"，站在更高的位置上，以大格局的战略眼光辩证地看待题材的炒作，可以让我们多一份从容与坚定。

③标的题材性越强越好。所谓"越强"，就是其蕴含的能量巨大。不同的题材蕴含的能量有很大的区别，就算是同类题材，也会因为所处环境、各品种的不同，蕴含不同的能量。对此，我们应该要有清醒

的认识。

④标的题材预期越明确越好，这有利于我们在实战操作中把握好其后市的节奏。

⑤面对题材炒作，我们需要切记的是，公司在经营管理上要正常，且它的基本面要有一定的支撑。如果在基本面中有在市场上独一无二的优势，那就是拥有了我们一直强调的"唯一性"。大家都知道，题材的炒作归根结底就是炒预期、博未来，"唯一性"这一特定背景将带来丰富的想象空间，这对其本身股价的推动是具有相当积极的意义的。

⑥对于题材的炒作，品种的股本大小应该是我们重要的参考指标。为什么这样说呢？什么样的股适合我们进行品种的选择呢？

众所周知，股本相对大的品种，尤其是那些权重股，如果要在短期内有质的爆发，所需要的资金是相当惊人的；如果在不太活跃的市场环境中，爆发的概率较小，一般而言，不适合题材的炒作。反之，如果股本太小，其活跃度虽说相对那些股本较大的权重股而言大大提升了，但是我们不能忽略的是，股本太小，风险系数相对而言会较高；而且在实战操作时，如果资金量太大的话，资金的进出也是十分不方便的。所以，流通股本以2亿元~6亿元为适中，因为这样既可以承受一定的风险，也方便我们进行实战操作，而且从某种意义上讲，推动股价上升所需要的资金量相对而言是不用那么高的。当然，我们也不能太过绝对，应该根据所处环境的不同而进行随时的调整。根据我多年的实战操作经验来看，选择合适的股本会为我们带来相对较大的赢的概率。

⑦正确衡量题材的潜力。如同时出现农业、新能源、地域板块几类题材股时，投资者要衡量哪种题材的爆发力更强，行情更持久。同一题材中不同个股也会强弱有别，这需要投资者有高度的敏感性和比较广泛的知识。一般而言，重组题材与有优质资产注入的题材是爆发力较为强劲的题材，但蕴含的风险也较大。常常是市场传言某家公司重组或者有优质资产注入上市公司，而其股价有可能在连续上涨几天后突然跌停，引得各路投资者捶胸顿足、后悔不已。但澄清公告具有的杀伤力常常被很多人忽略。比如某位投资者听信了重组传闻，在2010年3月2日跟进航天长峰，第二天就因重组传闻落空、股价暴跌而深套其中，暂时没有翻身机会了。又如传闻认为预期大的北矿磁材在连续三天涨停后也被澄清公告准确"击落"。相比之下，区域概念、低碳经济概念等，比重组传闻要靠谱些。

⑧选准了题材股也要合理定位，切记不可对股价预期过高。我们观察到，不论挟甲流疫情而升腾的海王生物，还是借区域振兴而暴涨的海南高速，在抵达巅峰后都步入漫漫熊途，成为很多抢反弹者的陷阱，长期持股很可能会使到手的利润化为乌有。

操盘
手记

从广州到韶关高铁上的思考（一）——学会转换角色

第一次从广州坐高铁到韶关，也是第一次和老婆、妹妹、妹夫一起去韶关。去干什么？呵呵，泡温泉，在圣诞这一天，我们不经意就去韶关了，为的就是放松。

累久了，有时候这样放松一下，会觉得是一种幸福，一种奢侈。广州到韶关很快，不到 1 小时，这样的速度确实让我有点吃惊，不管如何，坐着感受一下就知道了。

我们大概 10 点从广州林和西路出发，这期间要到体育西路转站，公园前再转站，最后才到达广州南站。坐地铁有点曲折，一度让我非常紧张，因为我很担心这样转来转去，以及很多站点要停的状况，最终可能会让我们无法及时赶上 11 点 20 分的高铁。

我在那儿急，老婆却异常淡定，说不着急，肯定能赶上什么的。但我是急性子，就算她这样说，我还是很担心，毕竟我早已习惯做任何事情都要准备充分，就好像去坐飞机一样，往往至少提前几个小时到达机场，所以，对我而言，这样有点赶的过程是很难接受的。

不过，随着时间的推移，一步步转站啊，向前走啊，担忧最终渐渐变成了惊喜，没想到竟然在11点之前就赶到了广州南站。看着老婆那一路来都非常淡定的神情，对比自己由担忧到惊喜的表情，突然发现，身边的老婆其实就是操盘高手，呵呵，至少具备操盘高手的素质，面对紧急状况能保持淡定。

老婆后来对我说，我这一路的表情变化其实有表演的成分，或者说有逗她开心的成分。我想想，或许真有，但不容否认的是，老婆那份淡定从容让我觉得，我是需要在生活中好好融合一下的，否则，生活中的我可能始终无法达到跟资本市场上的我融合的境地。

生活中，有时候需要刻意地释放夸张的情绪，但有时候也不妨多跟资本市场上那种淡定从容的状态融合一下。

老婆是聪明的，也是睿智的。在她面前，我很多时候就好像小孩子一样，这跟平时我在其他人眼中的形象显然是大相径庭的。转换一下角色，该释放自己就好好释放自己，这也是一种乐趣，生活有时候难道不就需要这样吗？

现在刚过清远，下一站就是韶关，比想象中快多了，看来12点15分确实能到，这就是时代的变化呀！

从广州到韶关动车上的思考（二）——对压力的思考

动车以时速超过300公里的速度飞速行驶，我的思维也随之飞速运转起来。我突然发现，人其实是很容易因外界环境变化而变化的。动车飞速，思维则飞速；动车缓慢，或许思维就会缓慢。再进一步思考，我们是否也可以想到，如果你身边有什么样的人，那么，你就很容易成为什么样的人呢？道理其实是一样的，这不难理解。

再进一步思考，如果我们需要做好一件事情，那么，是否需要创造一些做好这件事情的外在环境呢？这样我们才能很好地往具备完成这件事情的状态走过去。我一直强调的使命以及文化，难道不就是为了完成一些事情所营造的外在环境吗？

确实如此，只是现在需要尽快思考出当下较为完整以及完善的使命与文化是什么，否则，很多事情就真的缺乏前进的动力了。

走走，放松一下，或许就是寻找出真正需要的东西的一个机会。

很多时候，我们不是不知道方法，只是虽然知道方法却太懒。懒，会让我们明明知道如何去做，却依然停滞在当下。

向更深层想想，也是因为当下的环境让自己懒了下来，如何改变当下的环境，然后让自己不懒呢？外力带来的压力，很显然是必要的。

回想自己过去写书，固然有自己内在的欲望，但毋庸置疑的是，也有出版社催稿带来的外在压力。

压力，才是真正的源泉。适当地多给自己一点压力，一切局面就有可能在不经意间打开了，或许有时候局面早已经打开，只是自己还浑然不觉。

即将到达韶关，不到 1 小时，随笔一挥，两篇思考的文章也就这样完成了，这就是速度，这也是外在环境带来的结果，更是压力下的一种能量爆发。做事如此，炒股亦然。

如何辩证地看待静态市净率与市盈率

何谓静态市净率

市净率的计算方法是：市净率＝（P/BV）。其中，P 为每股股票市价，BV 为每股净资产（Book Value）。

股票净资产运用会计统计的方法计算出来的净值概念，是公司资本金、资本公积金、资本公益金、法定公积金、任意公积金、未分配盈余等项目的合计，代表全体股东共同享有的权益，综合称为净资产。可见，净资产的多少是由股份公司的经营状况决定的。股份公司的经营业绩越好，其资产增值越快，股票净值就越高，因此股东所拥有的权益也越多；反之亦然。所以，股票净值是决定股票市场价格走向的主要根据。上市公司的每股内含净资产值高而每股市价不高的股票，即市净率越低的股票，其投资价值越大，反之，其投资价值就越小。但在判断投资价值时还要考虑当时的市场环境、公司经营情况以及盈利能力等因素。

通俗来说，就是将上市公司的每股股价与其公司所包含的每股净资产做一个比较。通过这种实质的对比，能够较好地反映"有所付出，即有所回报"。它能够帮助投资者判断出哪家上市公司能以较少的投入得到较高的回报；对于大的投资机构而言，它能帮助其辨别投资风险。

这里要指出的是：市净率不适用于短线炒作。

市净率可用于投资分析。每股净资产是股票的账面价值，它是用成本计量的；而每股市价是这些资产的现在价值，它是证券市场上交易的结果。市价高于账面价值时，企业资产的质量较好，有发展潜力，反之则资产质量差，没有发展前景。优质股票的市价都超出每股净资产许多，一般来说，市净率达到3可以树立较好的公司形象。市价低于每股净资产的股票就像售价低于成本的商品一样，属于"处理品"。当然，"处理品"也不是没有购买价值，问题在于该公司今后是否有转机，或者购入后经过资产重组能否提高获利能力。

市净率的作用还体现在可以作为确定新发行股票初始价格的参照标准。如果股票按照溢价发行的方法发行的话，要考虑按市场平均投资潜力状况来定溢价幅度，这时股市中各种类似股票的平均市净率便可作为参照标准。

市净率要动态看

市净率指的是市价与每股净资产之间的比值，比值越低意味着风险越低。

对市净率我们要动态地看，因为会计制度的不同往往使得国内企业的净资产概念与境外企业存在着一定的差别。更为重要的是，净资产仅仅是企业静态的资产概念，存在着一定的变数。去年盈利会增加每股净资产，但如果今年亏损就会减少每股净资产。比如说海南航空（自 2017 年 6 月 12 日起，该公司股票简称由"海南航空"变更为"海航控股"），在 2002 年每股净资产是 3.26 元，到了 2003 年因为每股亏损 1.74 元，就变成了 1.52 元，跌幅超过 50%。

同时，每股净资产的构成基数不同往往也会造成不同结果。比如说神马股份，每股净资产高达 5.989 元，但是其净资产构成中含有 12.11 亿元的应收账款，折合成每股 2.14 元，一旦计提坏账准备，其每股净资产就会大幅下降。再比如通威股份，虽然其每股净资产曾高达 4.03 元，但当时其每股未分配利润达到了 0.75 元，而且已准备向老股东分配，在这样的情况下，新股东享受到的净资产大概只有 3.3 元。如此来看，真的要用动态观点来看待净资产。

市净率低企说明什么

我们来举个例子，据有关报道，2004 年，曾有相当一部分个股的市价离净资产只有 15% 的距离，换言之，此类个股只要再下跌 15%，就跌破了每股净资产。如果说一两只个股存在这样的现象，可看作偶然性因素所致，需要用动态的眼光看待之。但如果是如此庞大的一个群体，就应该引起足够的重视了，这意味着证券市场的机会可能开始显现。

一些国有股转让的案例中明确提出国有股转让价格不应低于每股净资产，否则就会有国有资产流失之嫌。更为重要的是，当时离净资产值只有15%距离的个股大多集中在钢铁等国有控股公司中。可以讲，如果市场再度深跌，当市价低于净资产的时候即国有股价格低于市价的时候，此时就会出现底部。因此投资者在这种情况下不应盲目割肉，否则就极有可能遭受政策性踏空风险。

如何看待市盈率

按照传统观念，市盈率高低往往是判断价值的最重要因素，太高则说明价值不合理。但这未免过于绝对，那么，什么样的市盈率才是合理的呢？这是一个很难一下子道得明的问题，毕竟不同的环境、不同的市场，往往就会有不一样的评价标准。

什么是市盈率

市盈率是某种股票每股市价与每股盈利的比率。市盈率＝普通股每股市场价格／普通股每年每股盈利。公式中的分子是当前的每股市价，分母可用最近一年盈利，也可用未来一年或几年的预测盈利。市盈率是估算普通股价值的最基本、最重要的指标之一。在我国人们一般认为，该比率保持在 20 ～ 30 倍是正常的，较小说明股价低，风险小，值得购买；较大则说明股价高，风险大，须谨慎购买。但高市盈率股票多为热门股，低市盈率股票可能为冷门股。

静态市盈率

静态市盈率是市场广泛谈及的市盈率，即用目前市场价格除以已知的最近公开的每股收益的比值。

通常，我们喜欢利用市盈率的多少来判断一只股票价值有多大，那么，市盈率到底是一个什么指标？代表着什么意思？有什么样的内涵？我们又应如何看待和理解它呢？这些都是很具有现实研究与探讨意义的。

首先解释一下市盈率的概念。市盈率是一个反映股票收益与风险的重要指标，也叫市价盈利率，体现的是企业按现在的盈利水平要花多少年才能收回成本，这个值在美国通常被认为处于 10 ~ 20 是一个合理区间。它是用当前每股市场价格除以该公司的每股税后利润，其计算公式如下：

市盈率＝股票每股市价 / 每股税后利润；市盈率＝股价 / 每股收益。

在上海证券交易所的每日行情表中，市盈率计算将当日收盘价格与上一年度每股税后利润的比值称作市盈率Ⅰ，与当年每股税后利润预测值的比较称作市盈率Ⅱ。不过由于在香港上市的公司不要求做盈利预测，故 H 股板块的 A 股（如青岛啤酒）只有市盈率Ⅰ这一项指标。所以说，一般意义上的市盈率是指市盈率Ⅰ。

一般来说，市盈率表示该公司需要累积多少年的盈利才能达到目前的市价水平，所以市盈率指标数值越小越好，越小说明投资回收期越短，风险越小，投资价值一般就越高；倍数大则意味着翻本期长，风险大。美国从 1891 年到 1991 年的 100 年间，市盈率一般在 10 ~ 20 倍，日本常在 60 ~ 70 倍，我国股市曾有过成千上万倍的个股，但目前多在 20 ~ 60 倍。必须说明的是，观察市盈率不能绝对化，不能仅凭一个指标下结论。因为市盈率中的上年税后利润并不能反映上市公司现在的经营情况；当年的预测值又缺乏可靠性，比如曾经有一些上市公司在公开场合就公司当年盈利预测值过高一事向广大股东道歉；加之处在不同市场发展阶段的各国有不同的评判标准，所以市盈率指标和股票行情表一样提供的都只是一手的真实数据。对于投资者而言，更需重要的是发挥自己的聪明才智，不断研究创新分析方法，将基础分析与技术分析相结合，才能做出正确的、及时的决策。

我们更应看重动态市盈率

市盈率分为静态市盈率与动态市盈率，静态市盈率被广泛谈及也是通常所指，但我们更应关注与研究动态市盈率。

众所周知，我国上市公司年报集中公布时间在经营时间结束后2～3个月。这给投资人的决策带来了许多盲点和误区。毕竟过去的并不能充分说明未来，而我们投资股票更多地是看其未来！

至于动态市盈率，其计算公式是以静态市盈率为基数，乘以动态系数，该系数为 $1/(1+i)^n$，i 为企业每股收益的增长性比率，n 为企业的可持续发展的存续期。比如说，上市公司目前股价为 20 元，每股收益为 0.38 元，去年同期每股收益为 0.28 元，成长性为 35%，即 $i=35\%$，该企业未来保持该增长速度的时间可持续 5 年，即 $n=5$，则动态系数为 $1/(1+35\%)^5=22\%$。静态市盈率 =20 元 /0.38 元 ≈ 52.63。相应地，动态市盈率为 11.6 倍，即 52.63×22%。两者相差之大，相信普通投资人看了会大吃一惊、恍然大悟。

动态市盈率理论告诉我们一个简单朴素而又深刻的道理，即投资股市一定要选择有持续成长性的公司。那么，我们就不难理解资产重组为什么会成为市场永恒的主题以及有些业绩不好的公司在实质性的重组题材支撑下成为市场黑马的真正原因。

如何辩证看待静态与动态市盈率

如果一家公司有一年的静态市盈率较低，更多是由于投资收益等非经营性收益带来较好的每股盈利，从而使该年静态市盈率显得相当具有诱惑力。流动资金炒股获得了高收益，部分资产变现获取了不菲的转让收益等等，对于一些本身规模不是特别大的公司而言，都完全有可能大幅提升其业绩水平，但对于这样的由非经营性收益带来的突破增长，我们需要辩证地看待。因为，非经营性的收益带给公司的高收益是好事，短期而言，对公司无疑有振奋刺激的作用，但这样的收益具有偶然性，或者说不可持续性，资产转让了就没有了。股票投资本身具有不确定性，没有谁敢绝对保证一年有多少收益，所以，非经营性收益是可遇而不可求的。

我们判断一家公司是否具有投资价值，关键还是看其经营性业绩，毕竟这样的收益具有一定的持续性。偶然的非经营性收益固然能够增加该公司的价值，但这更多的是短期效应，就好像一个人突然中了彩票一样，对这个人来说，确实是大大提高了其短期的生活水平，但长期而言，关键还是要看其是否具有持续增长财富的能力，否则，中了的彩票奖金迟早有一天是会全部被花光的。

因此，我们就可以大胆判断，偶然的非经营性收益大幅增长会在一定程度内影响到该股的波动，而且往往具有相当的剧烈性。对于不少资金而言，这个题材完全具备短期疯狂炒作一番的基础，这也就可以很好地解释为何在有些公司转让资产前后，市场会热衷于炒作它一番了。不过，短暂的疯狂最终还是要回归现实，这也就可以解释为何有些靠非经营性收益增长带来业绩的上市公司，往往都是短暂疯狂过后就是长时期沉寂了，毕竟没有实质的东西来支撑它们的长期发展。我们要看的是本质，而不是偶然间照射过来的外在的光芒，这很重要。

在此，建议投资者在具体研究一些公司业绩时，要更多地关注其经营性收益带来的业绩，看它们从长期来说是否具有比较可观的动态市盈率。为何巴菲特能够把握住一些大牛股呢？其实，就是他看到了一些公司长期具有比较可观的动态市盈率。股市波动是很复杂的，阶段性的状态呈现出的样子让很多人眼花缭乱。但是，不管怎么乱，该公司到底值多少钱，最终还是要用业绩说话的。

如果你看到有家公司几年后的业绩是现在的 5 倍甚至 10 倍以上，而且还会保持比较稳定的增长，那你不就是找到金子了吗？如果你心中能够算出类似这样的"底"，那么，假设现在市场仅仅是以其当下业绩算出的市场平均市盈率来作为其交易价格参考的话，比如其每股收益 0.1 元，当下市场平均市盈率为 30 倍，其目前的价格也仅仅是在 3 元左右波动，而你已经看到其未来会有可能达到 1 元的业绩，那么，到那时，就算按照 20 倍市盈率来算，也至少能够值 20 元，而这价格也至少是现在价格的 7 倍左右，更别说以 30 倍甚至更高的市盈率计算了。因此，当你分析到这里时，你要做的就是大胆买进它，别管它平时的波动，等业绩达到你预期的 1 元时，你不是最大的赢家才怪！关键是需要有双能够看得透、看得远的眼睛呀，这看似简单，却蕴含大道理。

　　通过上面静态与动态市盈率的分析，我想说的是，在具体判断一只股票是否具有比较好的投资价值时，我们虽然要研究其静态市盈率，但更为重要的是要好好研究其动态市盈率，这才是决定其最终价值的关键因素。

　　市场每时每刻都处于千变万化之中，我们要承认这充满魅力的不确定性带来的波动，但更要通过这波动寻找一些确定的东西，一些值得我们充分把握的机会。只有如此，赢的机会才会变得触手可及，或者让你赢得胸有成竹。

操盘手记

技术就是艺术

甲：技术是啥？

乙：什么领域的技术？

甲：当然是资本市场啦！

乙：那是艺术。

甲：怎么理解？

乙：100个人会有100种解释。

甲：那怎么把握好这种艺术呢？

乙：要有系统。

甲：系统？

乙：就是建立一套属于自己的盈利系统。

甲：该怎么去做呢？

乙：这有很多路，但不管选择哪条路，都要不断地总结、感悟，最终形成属于自己的东西。

甲：看来要让自己有一定的功力不是一朝一夕之事呀！

乙：是啊，你见过真正好的艺术品是一朝一夕造就的吗？

甲：明白。那请问从何开始？

乙：从零开始，从基础开始。

甲：有些我已经学过了，还需要再学吗？

乙：温故知新，建立系统时必须不断地、反复地温习才能使这种系统最终变成属于自己的东西。

甲：好，我明白了。

乙：那就快去买笔记本吧。

甲：我不是已经有一台笔记本了吗？

乙：我指的是用来书写的本子。

甲：哈哈，明白，马上就去。

乙：嗯，这才对嘛。

在资本市场中，技术就是艺术，要掌握好这门技术，必须付出不一般的代价，它绝非一朝一夕可达成。一招半式或能起到一时的效果，但长期下来必须有一套属于自己的系统才可能成为最后的大赢家。

学习要懂得温故知新，让所学的东西真正属于自己。

感受父亲对孩子的责任

甲：听说你的孩子发高烧了？

乙：都快把我吓死了。

甲：最高烧到多少摄氏度？

乙：39.2摄氏度。

甲：哇，确实挺危险。

乙：是啊，那时非常恐惧，非常无助，只能寄希望于医生。

甲：婴儿就是这样，最怕发烧了。

乙：后来打点滴，体温下降了，我的心情才平静下来。

甲：感受到做父亲的那种责任了吧？

乙：感受到了，也充分感受到了母亲的伟大。她一直抱着他，直到孩子的体温下降回到家后，她才告诉我她一度都虚脱了，不过咬牙挺过来了。

甲：陪伴孩子成长的日子才刚刚开始呢，路还长着呢！

乙：是的。不过，我会好好陪伴着他成长的，经历了这样的心理起伏，我已经充分感受到了那份对孩子的责任了。

甲：回到家有陪孩子做点什么吗？

乙：有啊，第一次陪着他好好玩了一段时间，他开心，我也很开心。

甲：你成长了。

乙：嗯，有体验自然就会有成长。

作为父亲，很多人并不懂得怎样理解或表达对孩子的爱或责任，只有孩子让父亲感受到那种剧烈的心理起伏，父亲才能够真正地觉悟。

做父亲如此，炒股如此，其他许多事情何尝不也是如此，经历剧烈的心理起伏后才会有所觉悟。

让自己的经历丰富点，曲折点，心理起伏剧烈点，成长也就自然而然地到来了。人生难道不就是这样吗？

05

标的选择的主力思维案例

破净股的选股思路

"破净"带来的价值低估的机会

假如企业在经营管理上正常的话，"破净"带来的价值低估的机会将会非常具有实战意义。这类品种一旦恢复行情后，走出一波大牛行情的概率极大。

通过图表，企业净资产阶段性的波动状况一目了然。然后对比不同阶段的趋势图，我们可以更加清晰地看到在相当长的时间里，其波动都是处于净资产之下，也就是所谓的"破净"状态。

如图 5-1 所示，我们可以十分清晰地看到武汉健民（自 2014 年 12 月 18 日起，该公司股票简称由"武汉健民"变更为"健民集团"）在 2007 年第四季度到 2008 年第四季度，其每股净资产都是在 4.8 元附近波动。

【每股指标】

财务指标(单位)	2010-09-30	2009-12-31	2008-12-31	2007-12-31
审计意见	-	标准无保留意见	标准无保留意见	标准无保留意见
每股收益(元)	0.3400	0.3200	0.1000	0.0500
每股收益扣除(元)	0.2800	0.2200	-0.0500	0.0500
每股净资产(元)	5.2343	5.0600	4.7800	4.6700
每股资本公积金(元)	2.0837	2.0978	2.0944	2.0842
每股未分配利润(元)	1.5597	1.3724	1.1304	1.0351
每股经营活动更多流量(元)	0.6435	0.4300	0.7177	-0.0448
每股现金流量(元)	-0.9216	0.3254	0.7608	-0.3295

从表中可以清晰地知道武汉健民（600976）2007年第四季度至2008年第四季度的每股净资产都在4.8元附近波动

图 5-1 武汉健民 2007 年第四季度至 2008 年第四季度净资产波动情况分析图

【学习重点提炼】

从图5-2中我们可以看出，贵州茅台2015年底的每股净资产为50.8元，相比于2017年至2018年的每股净资产在81.3元上下波动，属于破净的状态，差额将近30.5元。

财务指标	2018-12-31	2017-12-31	2016-12-31	2015-12-31
审计意见	标准无保留意见	标准无保留意见	标准无保留意见	无保留
【每股指标】				
基本每股收益(元)	28.0200	21.5600	13.3100	12.3400
基本每股收益扣除(元)	28.3300	21.6700	13.5000	12.4300
摊薄每股收益(元)	28.0240	21.5566	13.3087	12.3413
稀释每股收益(元)	28.0200	21.5600	13.3100	12.3400
每股净资产(元)	89.8255	72.8003	58.0276	50.8885
每股资本公积金(元)	1.0945	1.0945	1.0945	1.0945
每股盈余公积金(元)	10.7023	6.5400	5.6804	4.9439
每股未分配利润(元)	76.4067	63.6932	49.9267	43.6866
每股经营现金流净额(元)	32.9448	17.6350	29.8132	13.8803
每股现金流净额(元)	18.5601	9.6587	22.3009	7.7880

图 5-2 贵州茅台 2015 年第四季度至 2018 年第四季度净资产波动情况分析图

从图 5-3 中我们可以得知，武汉健民股价的基本波动都是在当时的净资产 4.8 元附近，其历史最低还探到了 3.5 元附近，比当时的净资产低了超过 1 元，跌幅超过了 20%，其股价不可谓不低。但是当时武汉健民连续杀跌，加之大盘也正处于下跌的趋势中，已经引起了一片恐慌情绪，抛压气氛浓烈，用"极度恐怖"形容当时的市场气氛也不为过。市场最为低迷的时候，我们虽然极其痛苦，但不应恐慌；相反，我们应该多一分坚定，尤其是面对那些已经"破净"的股票时。有的股价甚至已经在其净资产之下运行一段时间了，虽然很是触目惊心，但这也正是我们面临的机会。尤其是"破净"之后，公司基本面本身没有太大的恶化，经营管理上正常的话，其更是我们应重点关注的对象。因为这些上市公司的股票虽然已经跌破了其自身价值，但并不是由于公司本身出现了问题，而是被整个市场环境极度恐慌后的低

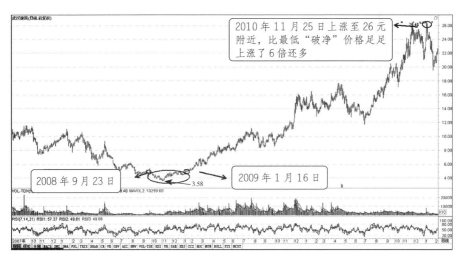

图 5-3　武汉健民 2008 年 9 月 23 日至 2010 年 11 月 25 日股价波动图

迷拖累。这类股票一旦恢复上涨行情，其能量的爆发将十分惊人。例如，图5-3中武汉健民在2009年初期股价突破了它的"破净"区域后，就走出了一波可圈可点的主升浪行情。虽然其上涨与大盘整体的反弹不无关系，但武汉健民的走势对比大盘明显强势不少，至少可以说明其突破之后的能量爆发是一个很重要的因素。

【学习重点提炼】

如图5-4、图5-5所示，贵州茅台从"破净"区域的2015年年底的171.55元上涨至2019年的最高点951.90元，绝对涨幅超过4.5倍。再对比同期的大盘走势会发现，贵州茅台明显强于大盘。

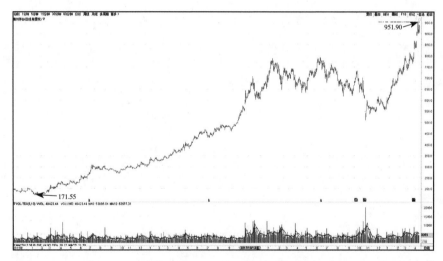

图 5-4　贵州茅台 2015 年 11 月至 2019 年 4 月股价波动图

图 5-5　上证指数 2015 年 12 月至 2019 年 4 月 25 日走势图

如图 5-6 所示，武汉健民从"破净"区域的 2008 年 11 月 24 日最低 3.5 元多上涨到 2010 年 11 月 25 日的最高值 26 元附近，绝对涨幅超过 6 倍。再对比同期大盘，该股明显强势，这也从一个侧面告诉我们：有的"破净"品种一旦恢复行情，是完全有可能成为大牛股的。但我们需切记的是，并不是所有的"破净"品种都会走出大波段的主升浪行情。那么，面对这些"破净"品种，我们要怎样才能抓住其能量爆发后的机会呢？关键是我们要懂得选择，懂得把握，懂得如何潜伏。只有有前瞻性地选择潜伏，才有可能使得利益最大化。

如图 5-7 所示，我们对比同期大盘从 2008 年 11 月 24 日的 1879 点到 2010 年 11 月 25 日的 2898 点，可发现武汉健民的走势明显强于大盘走势，已经走出了牛股的强势特征。这也从另一个侧面告诉我们：有些"破净"品种一旦走出主升浪行情，其后市将给我们留下无尽的想象空间。但想象空间并不一定会在将来给我们带来实质性的利益，这就看我们如何把握这些品种了。

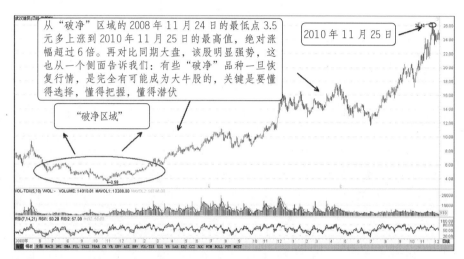

图 5-6　武汉健民 2008 年 11 月 24 日至 2010 年 11 月 25 日走势图

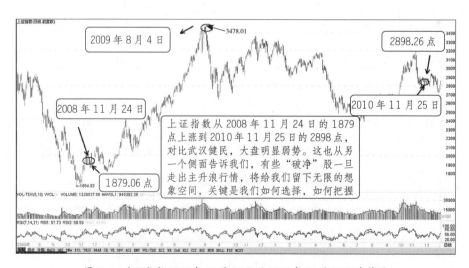

图 5-7　上证指数 2008 年 11 月 24 日至 2010 年 11 月 25 日走势图

"破净"品种本身的价值是多少我们姑且不论，但是一个品种处于"破净"状态，至少可以反映其本身的价值已经处于一种熊市的状态。它本身的价值是完全有可能被大大低估的，只要该企业没有太大的经营问题，那么，这种"破净"状态蕴含的价值低估的机会是非常具有实战操盘意义的。

面对"破净"时做出选择的几点原则

很多人回过头去看时，或许会惊讶怎么会出现"破净"这样夸张的状态。这是因为在特定的环境下，即阶段性熊市的过程中，有些负面因素被无限放大，别说"破净"，就算跌得一文不值也不是没有可能的（虽然现在的中国 A 股市场暂时不可能，但是随着证券市场改革的不断加深，加之与国际市场接轨的预期越发强烈，相信在不久的将来出现这样的现象会是经常性的）。因此，"破净"出现，既会带来机会也蕴含风险，机会是一旦该企业渡过难关，未来势必大幅度回升，而风险是该上市公司万一迈不过这道难关，有可能会带来更为恐怖的灾难。所以，面对"破净"品种，就有了如何选择的问题。

企业背景第一，有政府背景的优先

首先，企业的背景第一。我们可以观察上市公司的控股股东是否具有政府背景，若是拥有政府背景，政府实力越雄厚，其破产的可能性就越小。尤其是拥有中央政府背景，其破产的可能性几乎为零，拥有地方政府背景的实力次之，民营实力较为弱小。当然，这只作为一种参考，毕竟这只是一般的情况，我们不能一概而论，应当具体问题具体分析。不然，想得太过于极端很有可能让自己陷入困惑之中。

行业安全第二，避免金融科技行业

我们要强调该企业所在行业的安全性，也就是要尽量回避金融、科技等行业，雷曼兄弟破产以及纳斯达克泡沫的破灭就是最好的风险案例。

企业自身安全第三，回避 ST 板块

我们要强调的是企业经营的相对安全性，也就是尽量回避那些过去已经连续亏损、经营状况不佳的企业。当前的业绩持续不佳或者恶化是非常危险的，随时有可能进入无法挽回的局面。在中国，这些群体往往是 ST 板块中的品种，尽管很多人热衷于它们的重组，但是这有相当大的不确定性，最好不要贸然采取出击策略。虽然目前中国的 ST 品种往往有阶段性行情，但是记住不要贸然去碰那些投机的界限，这是一种投资原则，否则一不小心，就有可能把全部身家都搭进去。

当然，还有很多其他的因素，比如技术、资金面、多空双方博弈的心理层面……我有属于自己的盈利系统，在这里我只是把其中的部分思路作为重点来阐述而已。虽然有这样的思路不一定就能够很好地实现盈利，但至少能让我们的赢面更大些。关键是，总不至于在市场波动得较为剧烈时迷失了自己，这是比较重要的一点。就如面对现在的市场时，我的盈利系统就告诉我"要多一分坚定"。总之，我有自己的盈利系统（需要不断完善），它虽不是战无不胜的武器，但至少能让我多一分清醒，更好地、更长久地活在这股市上。

潜伏仓位控制的几大要点

一旦做好了选择，有了潜伏的操盘思路，就要讲究潜伏的策略了。这种策略主要体现在潜伏仓位的控制上，有三大要点。

潜伏初期，最好控制在 25% 以内

初期的潜伏仓位不宜太重，最好控制在 25% 以内。

为什么初期需要潜伏，但最好将自己的仓位控制在 25% 以内呢？这是由于在初期的"破净"状态下，你并不知晓其"破净"的程度有多深，唯一清楚的就是该品种"破净"后，面临着价值低估的问题，长期而言，一旦挺过去，就会有价值回归的可能。因此，你可以结合形态、技术等多方面的因素制定初期潜伏的价格与时间。此时，应把潜伏仓位控制在 25% 以内。总的来说，初期潜伏，试探性建仓不宜过重。

初期潜伏后，下跌再加仓四分之一，反弹则再加仓三分之一

初期潜伏后，随着时间的推移，其波动价格要不面临进一步下跌的境地，要不面临一定的反弹境地。此时，如果价格进一步下跌，在"三原则"没有大改变的背景下，可继续加仓四分之一；如果价格出现一定反弹，那么建议再加仓三分之一。理由并不复杂，继续下跌，加仓四分之一，刚好是前面初期潜伏的最大仓位，达到摊平价格的目的，同时还有弹药做后备之需。出现一定反弹，加仓三分之一，仓位明显增大的原因就是，"破净"本来已经价值低估，此时出现反弹，说明趋势有可能就此改变，开始回归价值，为何不大胆加重仓位呢？由于担心出现反复，因此不适宜一下就加满仓位。

简单原则

简单原则，即不站上净资产上方不再加仓，一旦确认站上，可以全仓杀进。

第三阶段采取简单原则，此时不管价格如何波动，只要没有到达净资产上方，那就坚决不再加仓，耐心等待。毕竟通过上面的两个阶段，不论哪种情况，仓位至少基本上达到总仓位的二分之一，在潜伏阶段这种仓位已经足矣。耐心等待趋势的改变，等待价值的回归，等待价格回到净资产上方，一旦确认站上净资产上方，最后的策略可以不管三七二十一，剩下仓位全部杀进，等待价值的进一步回归。

上面的几大点其实只是一种仓位控制的设计，并非绝对唯一。通过这种设计，只是要告诉你，潜伏期的把握也是需要讲究策略的，盲目一下子就满仓，一下子就空仓，这种操盘手法不可取。要对所有的操作非常有把握，具有一定艺术的操盘手法会让你在具体博弈的过程中更有主动权，更能控制好自己。切记，散户与主力的区别，就在于散户很多时候没有主动权，不能控制好自己。

"破净"是潜伏时机，我们要在他人恐惧甚至崩溃时分批介入，为控制风险，更为夺取主动权。大赢都是从小赢开始的，必须学会耐心等待，收益率满意与否要看你的资金性质。

潜伏进去后，作为操盘手，你必须有耐心，否则你将很容易被市场"三震出局"。"破净"品种，不做则已，做就必须有相当的把握。除非是大的内外因素发生质的改变，必须出局，否则你要做的就是坚定信心等待其价值回归，坚持吃大波段。

很多人都喜欢吃暴利，但是作为操盘手，你需要切记的是：吃暴利的前提是必须输得起，而输得起的前提是有足够资金去输，或者说必须赢得更多的资金。而要达到这个目的，难道不是从小赢开始的吗？

"破净"价值回归初期的短期阶段就是小赢阶段，想要变成大赢，形成暴利，那就要天时地利人和的配合，千万不要指望每个"破净"的品种都会给你带来暴利。如果真是那样，投资就变得太简单了，每个人都会等待"破净"再买了。需要切记的是，潜伏"破净"品种时，只要你懂得加以甄别、控制，懂得以上的原则，做好仓位的控制，最终赢的概率还是相当大的。

操
盘
手
记

春节谈放下

甲：春节没有交易的日子可好过？

乙：挺好，只要沉浸在春节之中，一切都可忘却。

甲：感受到全身心放下的味道了吗？

乙：嗯，有点体会，那是一种妙不可言的味道。

甲：可想长久如此下去？

乙：那倒不想，全身心放下是为了以后更好地拿起来。

甲：全身心放下是为了以后更好地拿起来，说得好！

乙：谢谢夸奖。

甲：能认清自己的使命又懂得该放下就放下的道理，难能可贵呀！

乙：这也是静坐多思的结果。人确实需要静思，有思想才有升华。为何佛家讲究坐禅，道理或许就在于此。

甲：你悟性颇高，日后若能坚持，当会有更高境界。

乙：一个春节让我感受到了喜庆热闹，也让我体会到了宁静祥和，此时此刻，我的内心充满着能量。

甲：新的能量在孕育，新的未来在酝酿，新的一切已在悄然展开。

乙：我会把控好这新的能量，我会把握好这新的未来，我会珍惜好这新的一切。

甲：我在此由衷地为你喜悦。

乙：嗯，我心飞翔。

甲：好，一起飞翔。

人都需要静思，人都需要信仰，人都需要不断成长，每个人在不同的阶段会有不同的收获与感受。

当一个人在不断成长的过程中，懂得在静思中去感悟春节，那就是进入了一种新的境界。

很多时候，春节让我们学会放下，但我们也需懂得，春节后应更好地去拿起。懂得放下的本质是为了更好地拿起。

我心飞翔，那是一种内心得到释放的境界。

难易之间的奥秘

甲：目标没达到时总觉得高不可攀，一旦达到后就觉得也就那么回事，没什么的。

乙：是不是没达到前仰视目标，达到后俯视目标呀？

甲：对，对！

乙：先难后易嘛。

甲：不太理解，能否说详细点？

乙：在未达到目标前，追求目标的过程往往不是一帆风顺的，是需要经历一定波折的。而在这样的过程中，人也快速成长了。最终达成目标的人与刚开始树立目标的人，虽然还是同一人，但本质发生了变化。这种内在的、根本的变化也就带来了从仰视到俯视的结果，也就是所谓的先难后易。

甲：哦，我明白了，确实是如此呀！

乙：其实，很多事情何尝不是如此呢！延展开来看，不论是工作中、生活中还是投资中，都有很多类似这样的状况。

甲：是呀，人都需要一个过程才能认识事物的本质，才能真正提升自我。

乙：没错，这就是人生。

甲：人生就是先难后易的过程，对吗？

乙：对，也不对，人生中很多事情如此，但人生远非如此简单。

甲：反正要想人生精彩一点，就让先难后易的事情多一点，对吧？

乙：对极了！

甲：哈哈，我开始觉得跟你交流容易多了。

乙：哈哈，现学现用，不错，好！

先难后易的事情有很多，人要成长，就必须多一点这样的经历与体验。有时候沉静下来多思考一下，很多事情自然就变得容易多了。

有没发现，难的时候往往是自己过度急躁的时候，真正容易起来的时候往往是自己开始释然、开始冷静下来的时候。

一难一易，两者之间奥秘无穷。

绩优成长股的选股思路

绩优成长股对于众多投资者而言是梦寐以求的选择标的，当然，对于 A 股市场而言，并不缺乏绩优股。在市场中不论熊牛市，我们都能看到绩优成长股的精彩表现，问题就在于我们能否慧眼识珠成为伯乐了。当然，现实也是残酷的，真正的绩优股并不是那么容易找到的；同时，找到了是一回事，最终能否把握好又是另一回事。难就难在后者。我们不仅需要慧眼识珠，还要有坚定的信念和坚持到底的勇气。半途而废，死在黎明前的黑暗里，这样的例子屡见不鲜。所以综合起来说，很简单是不现实的，不然谁都能在这个市场里赚钱了。可事实呢，赚钱的人少之又少。难是既定的事实，但还得去面对，我相信来到这个市场的投资者都有美好的愿景，希望从中得到盈利，所以学会如何赢以及更好地赢，是我们努力的方向。但这市场上没有神仙，谁也不可能做到每次都赢，当然我们也不需要做到每次都赢，我们要做的是如何提高自己的赢面，在众多交易中提高整体上赢的概率，力求在长跑中胜出。

如何提高自己的赢面？其实在上述简短的话语中就包含了几个重要的方面。找到是一回事，我们要有选择绩优股的能力，简单点说就是要掌握一套选择绩优股的方法或模式；找到了最终能否把握好则是另外一回事，我们即使懂得了选择绩优股的方法，也并不意味着一劳永逸，真正考验我们的还在后面，这才是决定最终能否胜出的关键。当然，后面的考验是多方面的，如心态、外部其他条件影响等。在这里我们主要谈谈如何选择绩优成长股。

如何选择绩优成长股？知史可以明鉴，其实市场走出来的绩优股就是一个个活生生的例子，研究这些绩优股能够走强的原因，从中总结出一些规律性的东西，就是一个很好的获取信息的方式。了解其为何能够受到主力资金的青睐，是哪些方面的亮点吸引了众多投资者的参与，这就是我们要解决的问题所在。当然，对于绩优成长股而言，吸引主力资金的最大亮点无疑在于其绩优和成长性，能否挖掘出这些亮点，慧眼识珠，就是选股能力的体现了。这也是本书要着重探讨的问题。

对于主力资金而言，挖掘绩优成长股有很多方法，总的来说有一系列的筛选步骤，如公司所属行业、盈利模式、竞争优势、未来利润增长来源、对未来业绩可能有较大影响的变数等，都是需要参考的重要指标。这些信息可以通过上市公司公开信息（招股说明书、定期财务报告、临时公告、交易所网站和公司本身的网站）、行业公开信息（政府机构如人民银行、统计局以及各种行业协会的刊物及网站等，当然，对于这些信息来源，需要注意统计口径的差别）、报纸杂志上发表的文章等渠道搜集到，更深入的了解还可以采取到上市公司实地调研的方式。

绩优成长股集中的源地之一——市场占有率高的品种

市场占有率高的品种为何容易产生大牛股，容易得到主力资金的青睐，其中的缘由不难理解。任何公司生产的商品都必须出售才能产生利润，也就是需要有客户愿意为你的产品埋单，用专业术语来说就是要有需求。需求量大，才能更好地实现利润增长，需求量也就很大程度上决定了公司的发展前景和规模。然而在全球需求一定的基础上，市场占有率也就成了决定需求量的重要因素，市场占有率大，就会拥有众多的客户群，就会为利润的增长提供源源不断的动力，最终出现利润的高成长性也就不是梦。这样的公司自然而然地就能够得到众多机构的青睐，在资本市场上有漂亮的表现也就很正常了。

我们已经分析了市场占有率高的品种为何是黑马的辈出地。现实就是最好的课堂，在市场中我们可以发现很多拥有高市场占有率的品种都是曾经或当下的牛股，当然我也相信很多拥有高市场占有率的品种依旧是未来牛股的集中源地，其实这也就给我们提供了一种选择绩优成长股的方法。当然，对于这种方法我们也是需要辩证看待的，世事无绝对。拥有高市场占有率的品种不一定就走牛，但走牛的概率非常之大，其实有这一点就足矣。资本市场本来就是一个很有艺术性的市场，没有绝对，我们只要把握概率相对大的一些事件，最终整体赢的概率也就可期了。懂得把握和珍惜一些大概率的机会，同时懂得回避一些大概率的风险，那么最终做到赢也就不是梦。

接下来，我们来看看现实中一些拥有高市场占有率而走牛的品种。

案例一：安琪酵母

如图 5-8 所示，安琪酵母自 2008 年 10 月 31 日跟随大盘探底后出现上升走势，至 2010 年 12 月涨幅达到 5.7 倍之多，同时创出了历史新高，而同期大盘指数却只有一倍的涨幅，其走势明显强于大势，算是一只阶段性牛股。如图 5-9 所示，自 2014 年至 2018 年，安琪酵母整体上依然呈现上升走势。其走势为何如此强劲是我们研究的重点，总结出其中一些能够吸引资金的因素无疑对我们在后市挖掘具备潜在牛股特征的个股非常有好处。

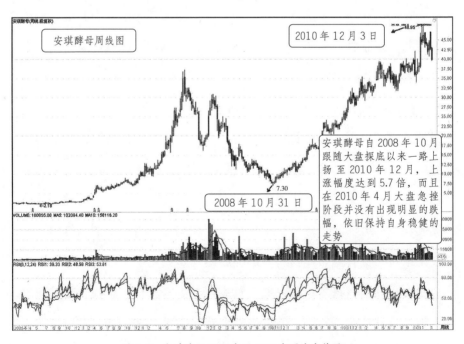

图 5-8 安琪酵母 2008 年至 2010 年周线走势图

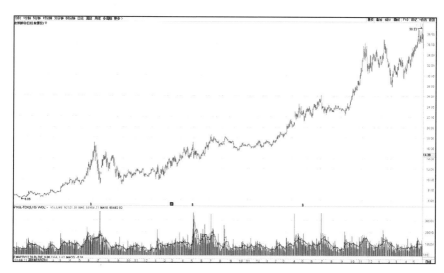

图 5-9　安琪酵母 2014 年至 2018 年日线走势图

首先，我们来看看一些财经网站或投资评级机构对其投资亮点的一些总结：

◇酵母行业发展前景广阔，该公司龙头地位稳固

国内酵母产业属于朝阳行业，未来的需求和运用非常广阔。酵母行业门槛较高，是典型的寡头垄断行业。该公司位列全球第三、国内第一，具有很强的技术优势和品牌优势，能够凭借技术优势和成本优势迅速抢占产业链已经成熟的国外市场份额。

◇提价能力强，成本上涨不足为虑

受主要原料糖蜜成本大幅上涨的影响，成本压力较大，但酵母行业是寡头垄断，该公司作为行业龙头，提价能力非常强，预计盈利能力的下滑只是暂时的，利润率水平将逐渐提升。

◇定向增发，进一步推进公司产业链一体化

公司 2010 年发出公告拟定向增发 2400 万股，募集资金不超过 8.3

亿元，用于年产 5000 吨新型酶制剂、年产 10000 吨生物复合调味料、年产 8000 吨复合生物饲料、生物保健食品生产基地与埃及年产 15000 吨高活性干酵母项目。

从中我们可以很明显地发现，其最大的亮点在于该公司在国内占据酵母行业的龙头地位，寡头垄断地位明显，同时凭借技术优势和成本优势迅速抢占产业链已经成熟的国外市场份额。这从侧面说明，其具有明显的高市场占有率，而且不单单是在国内的霸主地位已经奠定，在国外也同样迅速抢占了市场份额。拥有了高市场占有率，保持持续的高增长性自然也就不是梦。

如图 5-10 所示，我们从安琪酵母的年业绩增长情况中可以看出，公司的成长性是非常优秀的。

【最新简要】 ★2010年报预约披露时间：2011-01-22

★最新主要指标★	2010-09-30	2010-06-30	2010-03-31	2009-12-31	2009-09-30
每股收益(元)	0.7184	0.4953	0.2030	0.7745	0.5720
每股净资产(元)	4.4700	4.2471	3.9070	3.8340	3.6300
净资产收益率(%)	15.0618	10.5609	5.1800	20.2003	15.7500
总股本(亿股)	3.0605	3.0605	2.7140	2.7140	2.7140
实际流通A股(亿股)	2.7140	2.7140	2.7140	2.7140	2.7140
限售流通A股(亿股)	0.3465	0.3465	-	-	-

★最新公告：12-30刊登临时股东大会决议公告（详见后）
★最新报道：12-09安琪酵母(600298)非公开发行股票方案获国资委批准（详见后）

★最新分红扩股和未来事项：
【分红】2010中期 中期利润不分配（决案）
【分红】2009年度 10派1.3(含税)(实施) 股权登记日：2010-04-01 除权除息日：2010-04-02
【增发】2010年度拟非公开发行不超过24000000.00股,发行不低于33.79元(待批) 增发对象：不超过十名特定投资者

★特别提醒：
★2010年报预约披露时间：2011-01-22
★限售股上市(2013-06-30)：3464.66万股

10-09-30 每股资本公积：1.232 主营收入(万元)：150182.35同比增26.29%
10-09-30 每股未分利润：1.974 净利润(万元)：20602.34同比增32.67%

观察公司的主要财务指标，我们可以清晰地看到，主营收入和净利润同比都保持正增长，尤其是年净资产收益率，2009 年达到了 20% 的高收益率，2010 年 9 月份也达到了 15% 的水平，业绩成长性可以说非常优秀

图 5-10 安琪酵母年业绩增长情况分析图

图 5-11 为安琪酵母利润构成与盈利能力示意图，我们可以看到，不单单业绩出现了大幅提升，其本身的经营管理费用增长率也逐步递减，经营效率得到了大幅提升。

【利润构成与盈利能力】

财务指标(单位)	2010-12-31	2009-12-31	2008-12-31
主营业务收入(万元)	210098.23	168633.61	131127.21
主营业务利润(万元)	—	—	—
经营费用(万元)	21118.89	19989.69	17076.23
管理费用(万元)	9061.33	8799.35	7308.53
财务费用(万元)	3983.76	2863.24	3931.41
三项费用增长率(%)	7.94	11.78	34.35
营业利润(万元)	35386.51	29149.51	14538.87
投资收益(万元)	189.36	610.73	—
补贴收入(万元)	—	—	—
营业外收支净额(万元)	3892.35	1890.73	627.09
利润总额(万元)	39278.86	31040.24	15165.96
所得税(万元)	5704.28	1109.35	854.30
净利润(万元)	28499.60	21019.20	10449.53
销售毛利率(%)	33.75	36.77	34.00
主营业务利润率(%)	16.84	17.28	—
净资产收益率(%)	19.70	20.20	12.07

从管理运营费用来看，2009年、2010年三项费用增长率都呈现了明显的递减趋势，公司的经营效率无疑得到了极大的提高

图 5-11　安琪酵母利润构成与盈利能力分析表

在 2009 年、2010 年这两年中，该公司的业绩能够保持持续的高成长性，与其较大的市场占有率，以及不断拓展市场息息相关。高市场占有率使业绩得以高成长，从而使公司得到主力资金的青睐，二级市场股价走强也就是必然的了。当然，安琪酵母能否长期走牛在很大程度上取决于它能否依靠自身的优势保持较高的市场占有率。如果大的市场环境较为配合，那么继续走牛也就不是梦。

任何事物的发展都有其因果关系，如果能从这些结果中推导出其

中的原因，那么这个原因就是我们很好的借鉴因素。当然，其中也会存在概率问题，只要这个是大概率事件就有借鉴的必要，毕竟市场本身讲究的就是概率，寻找一些大概率的机会，同时在该坚定的时候懂得坚定，那么最终如愿以偿的概率也会相应提高。

案例二：鱼跃医疗

图 5-12 为鱼跃医疗周 K 线走势图。

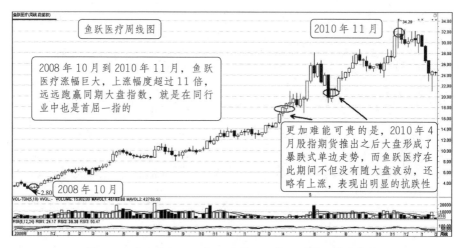

图 5-12　鱼跃医疗 2008 年 10 月至 2010 年 11 月周 K 线走势图

从图中我们可以十分清晰地看到，鱼跃医疗自 2008 年 10 月探底以来到 2010 年 11 月上涨幅度超过 11 倍，不断创出历史新高，相比同期大盘明显强势不少。鱼跃医疗算得上是一只阶段性的大牛股，其走势如此强劲，应当是我们投资者关注的重点。我们总结出其能够吸引市场资金关注的一些因素，无疑对我们在后市挖掘具备潜在牛股特征的个股是非常有益的。

我们来看一下上市公司鱼跃医疗当时的一些基本面的亮点资料：

◇主营康复护理系列和医用供氧系列医疗器械产品的生产与销售

鱼跃医疗是国内最大的康复护理和医用供氧系列医疗器械的专业生产企业，公司的"鱼跃牌血压计"和"鱼跃牌轮椅车"分别被评为"中国名牌"，"鱼跃"商标被认定为"中国驰名商标"，公司生产的产品共计 36 个品种、225 个规格，是国内同行业生产企业中产品品种最丰富的企业之一。公司秉承做专做精的理念，力争每个主要产品都做到行业前三名，公司前六大产品有制氧机、超轻微氧气阀、雾化器、血压计、听诊器、轮椅车。

◇市场地位、产品用途及设备水平

公司生产的听诊器等五个产品的市场占有率达到国内第一，轮椅车的市场占有率国内第二。公司两大系列产品生产涉及精密制造和机电一体化制造，主要生产设备和部分流水线可以共用；产品用途主要为医院和家庭的康复护理，产品目标客户一致，销售渠道可以覆盖共同的目标客户。

◇公司老产品将继续从低端向高端升级

血压计、听诊器、制氧机等老产品国内市场占有率第一，需求旺盛，具有绝对的市场定价权。预计血压计将继续从汞柱血压计向电子血压计、无汞血压计方向发展，制氧机向微型和大型制氧设备发展，氧气阀向可随呼吸自动控制流量的产品发展。制氧机、雾化器、氧气阀等均取得良好增长。

◇新产品有力助推公司可持续发展

公司自主研发电子血压计、X光机、全科诊断设备新产品，通过外延收购获得体温计、针灸计、缝合线等产品。新产品盈利能力较强，产能利用率将继续增强，这也是公司未来保持业绩高速增长的另一个增长点。电子血压计、无汞体温计等均实现快速增长。

图5-13为鱼跃医疗主要财务指标情况，年度净利润增长率超过了60%，2009年和2010年的净资产收益率也都保持在18%之上，如此亮丽的财务指标，能够得到主力资金的青睐也就是情理之中的事情了。

【1.财务指标】
【主要财务指标】

指标\日期	2011-03-31	2010-12-31	2009-12-31	2008-12-31
净利润(万元)	6002.11	16088.24	10054.24	6183.22
净利润增长率(%)	60.24	60.01	62.60	63.26
净资产收益率(%)	6.44	18.45	21.14	15.23
资产负债比率(%)	15.99	17.30	24.40	9.74
净利润现金含量(%)	-36.35	40.81	95.96	98.01

从公司的主要财务指标中我们可以看到，年度净利润增长率超过了60%，2009年和2010年净资产收益率也都保持在18%之上

图5-13 鱼跃医疗主要财务指标分析图

从上述鱼跃医疗基本面的亮点中，我们可以总结出该公司当时最大的亮点在于基础医疗设备如血压计、听诊器、制氧机等传统产品的国内市场占有率第一，轮椅车的国内市场占有率第二。很明显，该公司的这几类产品市场占有率极高，寡头垄断地位明显。同时，公司不断开发的新产品如公司自主研发的电子血压计、X光机等新产品盈利能力较强，产品利用率增强，这也是公司未来保持业绩高速增长的另一个增长点。这些从一个侧面反映了鱼跃医疗不仅有市场占有率极高

的血压计、听诊器、制氧机等传统产品，而且在不断地推出新的盈利能力较强的新产品。结合这点，我们有理由相信，该公司未来在业绩增长方面还会有良好的表现。

【学习温馨小提示】

图5-14为鱼跃医疗2018年6月至2019年4月日K线走势图。2018年公司开始调整线下销售渠道，在实现电商40%以上高增长的同时，线下恢复至10%以上的增长。2018年全年睡眠呼吸机和电动轮椅销量保持增速。

老龄化趋势下公司的家用医疗产品持续增长确定性高，新产品有望持续放量。

图 5-14　鱼跃医疗 2018 年 6 月至 2019 年 4 月日 K 线走势图

【学习重点提炼】

从图5-15中我们可以看到，濮阳惠成的股价从最低的9.55元一路高歌至22.1元，达到阶段性高点。相比于同期的个股和大盘走势明显强势不少，在OLED概念中也表现得十分亮眼，暴涨的原因值得分析。

从基本面分析：主要产品销量旺盛，公司业绩同比大幅增长，主要由于：1.公司主要产品的订单和产量增加，渠道发展顺利；2.公司定增新增产能逐步进入投产阶段；3.初步计划收购翰博高新，进一步完善OLED行业布局。

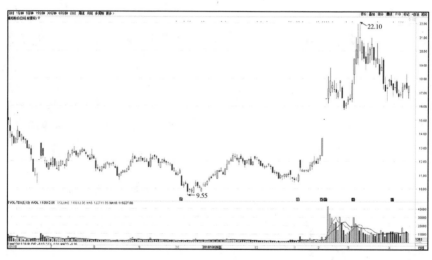

图 5-15 濮阳惠成 2018 年 5 月至 2019 年 4 月走势图

【学习重点提炼】

图5-16为濮阳惠成的主要财务指标，它的营业收入增长率一度达到了60%以上，净利润增长率也非常可观。

主要指标	2018-12-31	2018-09-30	2018-06-30	2018-03-31	2017-12-31
基本每股收益(元)	0.4200	0.3400	0.2100	0.1300	0.4600
基本每股收益扣除(元)	0.3700	-	0.2000	-	0.4300
每股净资产(元)	2.9764	2.8638	2.7297	4.2523	3.1731
加权净资产收益率%	14.8600	12.1100	7.5700	3.2900	15.3800
营业收入（亿元）	6.36	4.74	3.19	1.53	5.41
营业收入增长率%	17.55	21.86	26.69	68.64	43.94
净利润(亿元)	1.06	0.8508	0.5229	0.2144	0.7416
净利润增长率%	42.42	53.85	46.83	56.52	14.29
报告期股本(亿股)	2.57	2.57	2.57	1.71	1.61

图 5-16　濮阳惠成主要财务指标分析图

案例三：三一重工

图 5-17、图 5-18 为三一重工周线走势图。

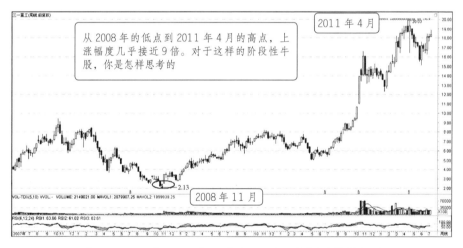

图 5-17　三一重工 2008 年 11 月至 2011 年 4 月周线走势图（一）

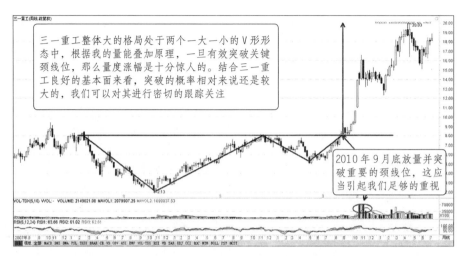

三一重工整体大的格局处于两个一大一小的 V 形形态中，根据我的量能叠加原理，一旦有效突破关键颈线位，那么量度涨幅是十分惊人的。结合三一重工良好的基本面来看，突破的概率相对来说还是较大的，我们可以对其进行密切的跟踪关注

2010 年 9 月底放量并突破重要的颈线位，这应当引起我们足够的重视

图 5-18　三一重工 2008 年 11 月至 2011 年 4 月周线走势图（二）

从三一重工周 K 线的走势图中我们可以看出，三一重工从 2008 年 10 月探底以来到 2011 年 4 月，上涨幅度接近 9 倍。对于这样的阶段性大牛股，你是怎样思考的呢？

我们来看一下三一重工当时的一些基本面的亮点资料：

◇公司主要产品大都处于国内同行前列

公司混凝土机械销量已连续数年居国际第一，其国内的市场占有率在 55% 左右。而公司挖掘机业务快速发展，产品的各项性能已达国际同类产品水平，高于韩国现代，而略低于日本小松。

◇高铁、保障房以及城镇化建设，依然是推动工程机械发展的动
　力来源

我国近年农村人口城镇化导致城镇建设加快，国家为保障民生而推进的保障房建设和高铁建设，为公司工程机械提供了良好的发展

机遇。

◇公司混凝土机械、路面机械、桩工机械及起重机械等都有一定
    表现

在路面机械领域，公司推出的沥青搅拌站即是针对高铁建设的特点而专门设计的产品，销售规模达 2 亿 ~ 3 亿元。而桩工机械领域的旋挖钻机更是以年均 60% ~ 70% 的速度增长。

◇海外基地建设陆续完工，逐渐进入收获期

公司在海外投资了 4 个基地，其中美国基地、德国基地以研发为主，而印度基地和巴西基地以生产、销售为主，印度、巴西市场能够有效增色 2011 年海外销售。

◇公司发行 H 股，将为公司快速发展提供强劲动力

在完成 2010 年年报后，H 股发行将成为公司工作的重中之重，从而快速推进公司的发展。

如图 5-19 所示，从三一重工主要财务指标分析表中，我们可以看到净利润同比出现了大幅增长的态势，同时净资产收益率连续几年保持在 20% 以上，已达到非常优秀的水平。

如图 5-20 所示，从三一重工利润构成与盈利能力分析表中，我们可以看到销售毛利率同比亦呈现正增长的态势，这也是其存在如此多的亮点的重要基础之一。

【1.财务指标】
【主要财务指标】

指标\日期	2011-12-31	2010-12-31	2009-12-31	2008-12-31
净利润(万元)	864889.89	561546.16	196258.26	123223.43
净利润增长率(%)	54.20	112.71	59.27	-23.28
净资产收益率(%)	43.99	49.47	26.07	21.11
资产负债比率(%)	59.55	61.97	47.69	55.72
净利润现金含量(%)	26.35	120.19	177.28	51.98

净利润增长率同比出现了大幅增长，同时净资产收益率持续保持20%以上，达到了优秀的水平

图 5-19　三一重工主要财务指标分析图

【利润构成与盈利能力】

财务指标(单位)	2011-03-31	2010-12-31	2009-12-31	2008-12-31
主营业务收入(万元)	1398836.33	3395493.91	1897581.48	1374525.61
主营业务利润(万元)	—	—	—	—
经营费用(万元)	101179.89	320483.05	204158.29	133146.16
管理费用(万元)	69141.46	192150.15	100150.81	77177.95
财务费用(万元)	-3342.91	29832.73	13334.46	13288.96
三项费用增长率(%)	57.87	70.78	42.05	48.30
营业利润(万元)	326775.74	689688.40	335493.88	153198.85
投资收益(万元)	229.69	4228.60	-7302.93	-6351.80
补贴收入(万元)	—	—	—	—
营业外收支净额(万元)	2400.24	4136.17	157.39	855.33
利润总额(万元)	329175.98	693824.56	335651.27	154054.18
所得税(万元)	46293.61	77421.81	33407.67	6613.62
净利润(万元)	266306.93	561546.16	263990.47	123223.43
销售毛利率(%)	37.48	36.85	32.34	29.96
主营业务利润率(%)	23.36	20.31	—	—
净资产收益率(%)	19.03	49.47	26.07	21.11

销售毛利率同比亦呈现正增长的态势

图 5-20　三一重工利润构成与盈利能力分析图

　　从上述基本面的亮点中，我们可以了解到三一重工混凝土机械销量已连续数年居国际第一，其当时国内的市场占有率在55%左右。可见不仅在国内市场，其在全球市场的占有率也是相当之高的。随着国内高铁与保障性住房建设的进行，加之公司海外基地建设陆续完工，公司产品的销售量与在全球的市场占有率将进一步提升。面对类似三一重工这样的主营产品行业景气度不断提升，产品市场占有率极高的上市公司，作为投资者的我们，没有理由不重点对其进行持续关注。

【学习重点提炼】

先导智能的现金流显著改善，预计在手订单充足。同时，公司准备发行可转债，募集资金不超过10亿元，在提高研发及生产能力的同时缓解现金流压力。2018年年末营业总收入为38.9亿元，存货为24.13亿元，存货及预收款依旧保持较高水平，预计公司在手订单依旧充足。

公司作为高新技术企业，始终坚持自主创新与吸收引进相结合，近些年不断加大研发投入，并取得了一定的研发成果。2018年新增的研发项目包括精密激光智能装备研发及产业化、动力锂电池叠片机、组装设备研发及产业化等多个项目。

2018年1月1日至2018年2月28日，先导智能累积获得专利技术近200项，其中发明专利20项，实用新型专利166项。形成了丰富的产业链，形成了持续创新机制，有助于核心竞争力的提升，并对推动公司新产品顺利研发有积极作用。

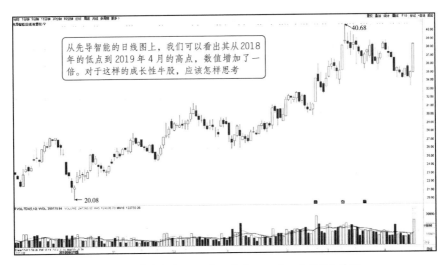

图 5-21　先导智能 2018 年 9 月至 2019 年 4 月日线走势图

案例四：晋西车轴

图 5-22、图 5-24 为晋西车轴日线走势图。对比大盘，晋西车轴走势明显强势。由图 5-23、图 5-25 可知。

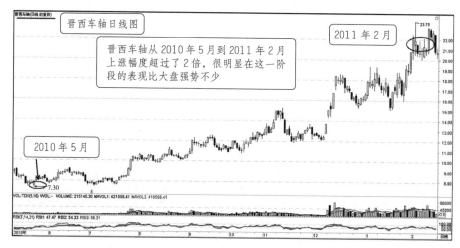

图 5-22　晋西车轴 2010 年 5 月至 2011 年 2 月日线走势图

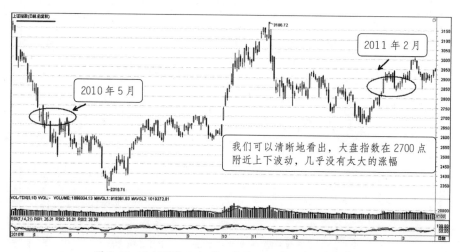

图 5-23　上证指数 2010 年 5 月至 2011 年 2 月日线走势图

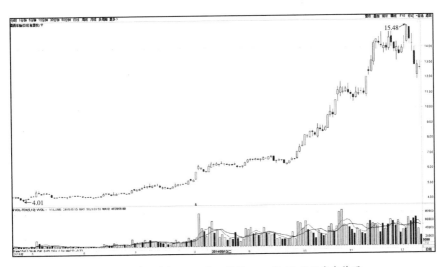

图 5-24　晋西车轴 2014 年 4 月至 2014 年 12 月日线走势图

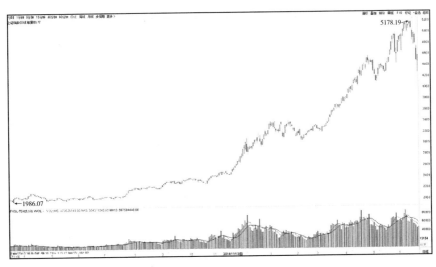

图 5-25　上证指数 2014 年 4 月至 2014 年 12 月日线走势图

　　下面我们来看一些晋西车轴基本面的亮点，从中我们可以看到哪几点晋西车轴的基本面是受到主力资金关注的。

◇ 车轴制造业龙头

公司是车轴制造业龙头，是国内规模最大、车轴规格品种最多、出口车轴最多且首家获得出口火车轴、地铁轴资格的生产厂家。2010年，公司国内市场占有率超过 1/3，铁路车轴产品生产能力多年来处于国内领先地位。

◇ 动车轴项目得到大的发展

随着公司和太钢进行的动车轴合作研发项目的推进，2010年晋西车轴已经有时速 250 千米的动车轴项目试制样品在实验运行，时速 350 千米的还在试制。2014 年，在中国铁路总公司组织召开的自主化时速 250 千米动车组轮轴方案试用评审会上，公司采用太钢、马钢两个钢厂的 DZ1 钢坯试制的 CJ-1 型动车组车轴顺利通过了动车组车轴制造技术方案评审。

◇ 产能状况

2010 年，公司的两条车轴生产线，一条在包头，做通用车轴，一条在太原，主要做专用车轴。2012 年，公司主要定位在高端产品的第三条生产线在太原投产。到"十二五"末，公司的目标是达到 25 万根车轴生产能力，其中包头 8 万根通用生产线，太原 17 万根高端生产线。

如图 5-26 所示，2011 年第一季度公司净利润增长率达到了773.60%。这种爆炸式的业绩增长无疑使其成为市场的最大明星，业绩的大幅提升无疑与其在车轴行业的占有率极高有着莫大的关系。加上政策的大力支持，业绩出现这种量变也就是情理之中的事情了。

【1.财务指标】
【主要财务指标】

指标\日期	2011-03-31	2010-12-31	2009-12-31	2008-12-31
净利润(万元)	1641.35	4370.68	3636.24	8870.29
净利润增长率(%)	773.60	20.19	-59.01	46.51
净资产收益率(%)	1.17	3.15	2.71	13.66
资产负债比率	34.35	32.95	32.93	53.73
净利润现金含量(%)	-798.40	-240.77	1554.15	16.32

> 净利润增长率在2011年第一季度出现了大幅的增长，达到了773%，这种爆炸式的业绩增长无疑会引起市场极高度的关注

图 5-26 晋西车轴主要财务指标分析图

我们可以看到，晋西车轴在车轴行业中的市场占有率极高。高铁建设提速，整体车轴行业景气度将提升，这对在车轴行业中市场占有率极高的晋西车轴来说是相当有利的。这应当引起投资者高度重视。

案例五：三爱富

图 5-27、图 5-28、图 5-29 为三爱富的基本走势情况，图 5-30 为上证指数 2008 年 11 月至 2011 年 7 月走势图、图 5-31 为三爱富 2011 年第一季度与 2010 年第四季度简要财务指标的对比分析：

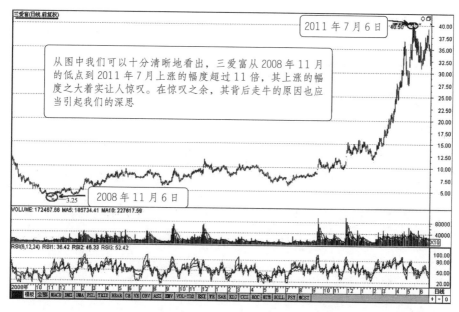

2011 年 7 月 6 日

从图中我们可以十分清晰地看出，三爱富从 2008 年 11 月的低点到 2011 年 7 月上涨的幅度超过 11 倍，其上涨的幅度之大着实让人惊叹。在惊叹之余，其背后走牛的原因也应当引起我们的深思

2008 年 11 月 6 日

图 5-27　三爱富 2008 年 11 月 6 日至 2011 年 7 月 6 日日线走势图

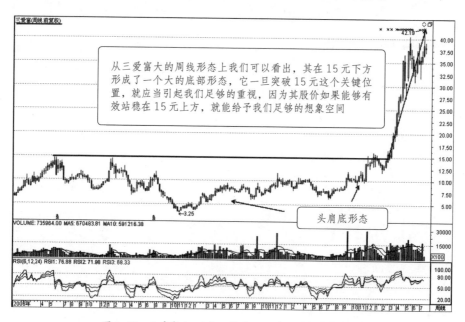

从三爱富大的周线形态上我们可以看出，其在 15 元下方形成了一个大的底部形态，它一旦突破 15 元这个关键位置，就应当引起我们足够的重视，因为其股价如果能够有效站稳在 15 元上方，就能给予我们足够的想象空间

头肩底形态

图 5-28　三爱富 2006 年 4 月至 2010 年 7 月周线走势图

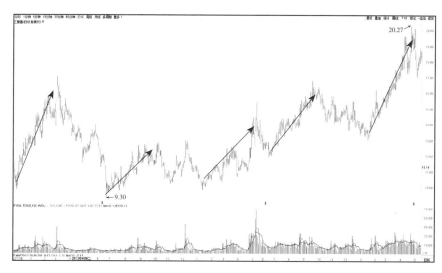

图 5-29　三爱富 2012 年 12 月至 2015 年 5 月日线走势图

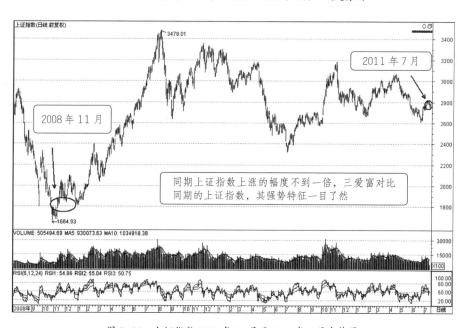

图 5-30　上证指数 2008 年 11 月至 2011 年 7 月走势图

【历年简要财务指标】

财务指标（单位）	2011-03-31	2010-12-31	2010-09-30	2010-06-30
每股收益（元）	0.6393	0.1320	0.1427	0.0844
每股收益扣除（元）	0.6390	0.1870	0.1203	0.0819
每股净资产（元）	2.9040	2.2640	2.2733	2.2150
调整后每股净资产（元）	-	-	-	-
净资产收益率（%）	22.0162	5.8489	6.2789	0.8125
每股资本公积金（元）	0.3660	0.3660	0.3646	0.3646
每股未分配利润（元）	1.3324	0.6931	0.7034	0.6451
主营业务收入（万元）	127520.84	302355.75	214144.45	132012.05
主营业务利润（万元）	-	-	-	-
投资收益（万元）	315.48	2061.20	4231.47	418.73
净利润（万元）	22198.13	4231.39	4956.31	2932.26

从图中我们不难看出，对比2010年第四季度，三爱富2011年第一季度每股收益、净资产收益率与净利润都出现了大幅度的增长

图 5-31　三爱富 2011 年第一季度与 2010 年第四季度简要财务指标对比分析图

出现上图中的增长情况，离不开当时公司基本面的几大亮点：

◇ 有机氟化工龙头企业

公司是国内规模较大、品种最全的集科研、生产、经营一体化的有机氟化工企业，拥有国内最完整的氟化工产业链，产品涉及 CFC、CFC 替代品、含氟聚合物和含氟精细化学品四大类。

◇ 市场占有率

公司在国内几乎所有涉及有机氟的主要领域均处于领先地位。当时，氟聚合物市场占有率达 17%，CFC 市场占有率超过 50%，CFC 替代品市场占有率超过 70%，其中，氟聚合物中的 F46、氟橡胶等产品的国内市场占有率均超过 50%，PTFE 的品种和质量国内领先。

◇ 受国家重点扶植

公司产品受国家重点扶植。国家"十二五"规划将把氟化工单列一项，公司重点产品 R125、R32 等将成为国家重点发展的制冷剂品种。另外，氟橡胶、PVDF 等公司其他已有和在建项目也将受到国家支持。

公司产品市场占有率极高，某些产品如 CFC 替代品当时的市场占有率甚至超过 70%。随着整个氟化工行业景气度的提高，市场占有率极高的三爱富自然是行业中能够聚集人气的品种。

案例六：天华超净

图 5-32、图 5-33 为天华超净的基本走势情况：

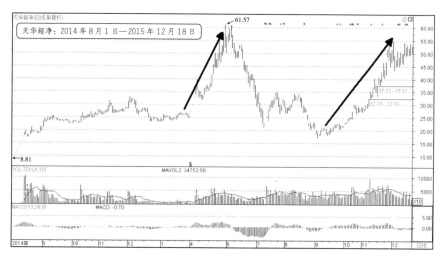

图 5-32　天华超净 2014 年 8 月 1 日至 2015 年 12 月 18 日日线图

图 5-33　天华超净 2016 年 2 月至 2019 年 4 月日线图

天华超净自 1997 年成立以来，专业从事防静电超净技术产品的研发、生产和销售，产品涵盖了工业生产过程中静电与微污染防控的三大主要系统，即：人体防护系统、制程防护系统和环境防护系统。公司主导国内行业技术标准的制定，"Canmax"已经成为国内、国际防静电超净产品领域知名品牌。

天华超净通过自主研发和技术创新，不断扩展自有产品系列，丰富公司的防静电超净技术产品种类，形成了较为完善的产品集成供应能力。产品包括防静电无尘衣、防静电无尘手套、防静电无尘鞋、无尘擦拭布、无尘电子保护膜、防静电吸塑制品、防静电屏蔽袋、净化粘尘垫、粘尘滚筒、离子风机、静电在线监测仪等。

天华超净 2015 年 6 月 19 日发布公告，拟投资 1 亿元建设高亮超薄背光源项目，实现产品线的再一次突破式延伸。背光源是指 LCD 面板背后的光源，主要由光源、导光板、光学用膜片、塑胶框等组成，具有亮度高、寿命长、发光均匀等特点。背光源的发光效果将直接影响到液晶显示模块（LCM）视觉效果。

基本面的亮点使得天华超净在二级市场上的表现也相当强劲，自作为新股上市以来，经过盘整之后强势翻倍，在经历系统性风险之后，同样能够迅速翻倍、摆脱股灾阴霾、重新获得资金追捧。

绩优成长股集中的源地之二——唯一性强的品种

关于唯一性强的品种缘何容易成为主力资金的选择标的，相信对大家来说不难理解。首先，唯一性强的品种很有可能就是该领域的先导者，而且几乎没有竞争对手，这种特性也就为公司的发展造就了"海阔凭鱼跃，天高任鸟飞"的市场环境。没有竞争对手，那么驶入高速发展的快车道也将不是梦。只要公司具有这种战略眼光和做强做大的梦想，那么相比那些处于高竞争性行业中的企业来说，唯一性强的品种无疑具有无与伦比的市场环境和背景。当然，前提是该企业的产品能够得到市场的认可。对于上市公司来说，既然可以上市，那么这一点就不是问题。所以从公司发展的市场环境来看，唯一性强的品种无疑容易脱颖而出，成为市场的佼佼者。其次，从唯一性形成的原因来看，这种唯一性本身很有可能就是公司实力的体现，唯一性强的原因很有可能是该领域具有很高的技术或资金壁垒，或有国家政策上的限制，等等。一般的公司无法涉猎，从而造成了这种唯一性强的特性，这种一家独大的现象也就很容易造就其市场霸主的地位，那么实现业绩的高增长就是情理之中的事。再次，从股票市场运行的规律来看，题材炒作是永恒的主题。物以稀为贵，稀有品种无疑很容易成为炒作的题材，得到资金的青睐。所以对 A 股市场中目前 3000 多只股票中那些唯一性强的品种要重点关注，同时对这样的品种也要分清主次。一般来说，盘子相对较小、符合未来经济发展方向和具有想象空间的个股中更容易产生牛股。

下面，我们来看看因唯一性强而走牛的品种。

案例一：皇氏乳业

图 5-34 为皇氏乳业（自 2014 年 12 月 31 日起，该公司股票简称由"皇氏乳业"更名为"皇氏集团"）日 K 线走势图，短短 5 个月的

时间上涨幅度超过一倍，从阶段性来看其算一只牛股。其能够在短期内连续走强，肯定有其吸引主力资金的亮点，这个亮点也就是我们要总结的作为今后选择标的的重要参考指标。

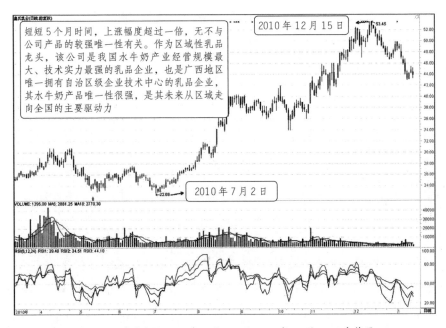

图5-34　皇氏乳业2010年7月2日至2010年12月15日走势图

我们首先从当时的基本面来看，到底是哪一点使皇氏乳业受到了主力资金的青睐。

◇水牛奶产业龙头企业

该公司是我国水牛奶产业经营规模最大、技术实力最强的乳品企业，也是广西地区唯一拥有自治区级企业技术中心的乳品企业。公司主营液态乳制品的生产、加工、销售以及与此产业关联的奶牛养殖、牧草种植业务，主要产品是以黑白花牛奶、水牛奶为主要原料的巴氏杀菌奶、水牛奶、特色果奶、酸奶等液态乳制品和乳饮料。

◇ 多个国家级科技项目的主持单位

该公司生产的产品共有 8 大系列近 60 个品种，产品销售至全国 8 个省区的 150 多个市县。公司先后担任国家科技攻关计划项目"水牛奶制品加工技术和标准研究"的主持单位、国家级星火计划项目"南方优质牧草产业化示范工程"和"引进国外先进技术建设标准化乳产品加工生产基地"的承担单位、"十一五"国家科技支撑计划重大项目"奶业发展重大关键技术研究与示范"中的"奶水牛生产技术集成研究与示范"课题的主持单位。

◇ 项目推进缓解产能瓶颈

公司进一步加大了对奶源基地的投入力度，利用自有资金筹建南宁市江南区根竹坡养殖基地，现已完成主要牛舍的建设。公司完成了奶牛养殖示范推广项目——桂平养殖基地的建设，对自有牧场奶牛养殖技术进行升级换代，有序扩大奶牛养殖合作基地的数量与规模。推行"保价收购、以质论价、随行就市"的奶源收购政策，进一步扩大水牛奶及自有奶源所占比重，牢牢控制区域奶源话语权。公司奶水牛鲜奶收购量大幅提升，同比实现翻番，为公司坚持走差异化经营路线，进一步扩大稀缺水牛奶源的领先优势，打造全新高端水牛奶产品，进军北京、上海、深圳等一线城市提供奶源保障。公司一方面继续大力推进募投项目及技改项目建设；另一方面，为满足日益扩大的市场需求和异地扩张产能的要求，迅速扩大生产规模，在一定程度上有效缓解产品市场供不应求的局面。

◇持续推进科技创新

公司根据目标市场定位及需求分析，有效针对现有品项进行进一步梳理、细分和完善。加强对新产品的开发和储备，持续推出老酸奶、乳果 i 系列果奶、西山牧场原味水牛奶、摩拉菲尔水牛奶、果粒酸奶等 25 种创新系列产品，对水牛奶酪、咖啡伴侣等新品做了前期技术研究和市场调研工作，待各项条件成熟后推向市场，力争满足不同消费层次、不同年龄结构的乳品需求，培育新的市场消费主体，提高公司竞争力和影响力。公司表示今后重点发展方向为水牛奶产品，公司生产的水牛奶定位高端，与特仑苏和金典相当，未来公司将逐步推出中档的水牛奶产品，还会抢占伊利和蒙牛纯牛奶的一部分市场份额。

从上述基本面的情况来看，很明显，其股价能在某一阶段如此强势，很大程度上是由于公司的水牛奶产品在上市公司中的唯一性很强。当然，其唯一性的产生是气候、地理位置以及本身的技术研发实力较强等因素综合的结果。从中我们也可以看到，公司前期最大的发展瓶颈在于奶水牛数量的限制，2010 年该公司的 IPO 也是着重解决产能瓶颈的问题。随着募投项目的竣工投产，公司今后的产能瓶颈将初步缓解，而且也将逐步进入收获期，在上述良好预期的利好影响下，公司短期内走出一波强劲的上扬行情也就在情理之中了。

上述是从基本面获取的信息，唯一性强的特征为其上涨提供了基石和动力。对于投资者而言，挖掘出这些具有强唯一性的品种后，接下来要做的就是结合技术面跟踪寻找其是否有爆发的迹象或信号出现，如果有，就可大胆跟进。如果本身具有潜在的亮点同时又有技术面配合的躁动出现，很有可能就是主力要乘机运作一把了。

对于这种唯一性强的品种，蓄势已久后在关键位置形成突破一定要引起重视，买点的把握很多时候就是根据这些关键位置发出的突破信号而采取相对应的策略。如图 5-35 所示，皇氏乳业上市后处于横盘震荡的走势中，在这个过程中构筑了一个大的双底形态，2010 年 8 月 16 日放量突破。对于唯一性强的品种，一旦发现其在这种关键位置实现突破，也就有博弈一把的必要了。虽然后市不敢百分之百确定其能走出大的上涨行情，但我们要相信在这种情况下其能走出一个阶段性上涨行情的概率还是挺大的，所以当面对这种大概率的机会时，要勇于去参与和把握。

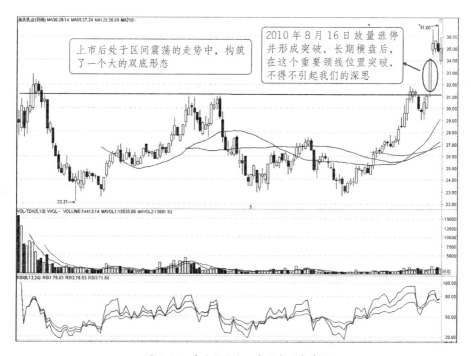

图 5-35 皇氏乳业大双底形态后走势图

图 5-36 为皇氏乳业主要财务指标。

【1.财务指标】
【主要财务指标】

指标\日期	2011-12-31	2010-12-31	2009-12-31	2008-12-31
净利润(万元)	5893.24	5692.97	4191.85	3671.88
净利润增长率 (%)	3.52	35.81	14.16	21.61
净资产收益率 (%)	7.45	7.61	5.73	19.36
资产负债比率 (%)	19.92	18.84	24.05	47.85
净利润现金含量 (%)	8.32	47.63	134.37	60.87

年度净利润同比保持正增长，每年都有逐步的提高，同时资产负债率还有递减的趋势，这说明公司保持增长的同时，运营也非常稳健

图 5-36　皇氏乳业主要财务指标分析图

良好的技术面如果还不能让我们坚定买入，那么我们此时不妨看看其基本面情况，了解公司的运营情况如何，如果基本面情况配合良好，那还犹豫什么呢？在股票市场中博的就是概率，既然从多角度判断是一个大概率事件，那么该坚定时就必须坚定。

案例二：武汉健民

图 5-37、图 5-38 为武汉健民日 K 线图。

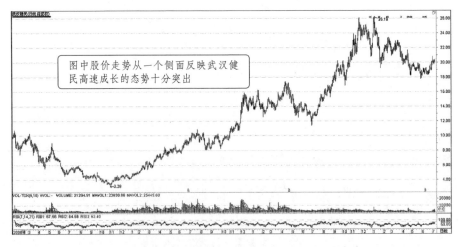

图中股价走势从一个侧面反映武汉健民高速成长的态势十分突出

图 5-37　武汉健民 2008 年 3 月至 2011 年 6 月日 K 线走势图

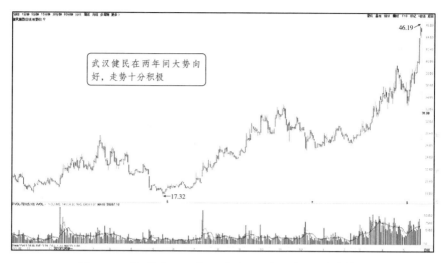

武汉健民在两年间大势向
好，走势十分积极

46.19

←17.32

图 5-38　武汉健民 2013 年 10 月至 2015 年 5 月日 K 线走势图

下面是武汉健民一些公开的基本面亮点：

◇前身是百年老店，研发底蕴深厚

公司前身系始建于明朝崇祯年间的全国四大名药店之一——叶开泰参药店，迄今已有近 400 年的历史。与化学药、生物药企业研发机制不同，传统中药企业的研发一般都是建立在古方基础之上的现代制剂的改良与生产，具有历史沉淀的企业拥有研发上的先天优势，武汉健民就是这样一家拥有研发优势的中药企业。

◇管理趋于稳定，股权激励给力

公司已经告别了二元管理体制。管理层日常管理措施得力，公司业绩稳步增长，而股权激励制度的实施使得核心管理层持有公司股份，将有助于公司业绩的释放与公司内在价值的提升。

◇参股公司全球独家生产体外培育牛黄

参股公司健民大鹏药业独家拥有体外培育牛黄的完全知识产权，体外培育牛黄技术于1997年获得国家一类中药新药证书，也体现了我国医药工业创新。在新版药典对含牛黄制剂安排标准提高任务的背景下，我们判断已实现盈利的体外培育牛黄产业将进入快速发展时期。体外培育牛黄有望成为下一个"阿胶"。牛黄应用领域广泛，天然牛黄极度供不应求，体外培育牛黄的出现突破了珍稀药材难以普及的限制。而在生活习惯、饮食结构改变带来的疾病谱转移推动下，清热解毒类中药材及中成药也有望持续高景气。我们强烈看好体外培育牛黄的发展和应用前景，并判断体外培育牛黄产业未来有望形成类似于阿胶的独特产业链。

我们再来看看公司的运营状况，如图5-39所示。

★最新主要指标★	2011-03-31	2010-12-31	2010-09-30	2010-06-30	2010-03-31
每股收益（元）	0.1000	0.4700	0.3400	0.2000	0.0900
每股净资产（元）	5.4500	5.3600	5.2343	5.0915	4.9900
净资产收益率（%）	1.7477	8.7246	6.4432	3.8481	1.8935
总股本（亿股）	1.5340	1.5340	1.5340	1.5340	1.5340
流通A股（亿股）	1.5330	1.5330	1.5330	1.5320	1.5320
有限售条件股份（亿股）	0.0010	0.0010	0.0010	0.0020	0.0020

每股净资产达到了5元以上，公司的抗风险能力较强，2010年年度净资产收益率也达到了8%的良好水平，这无疑反映出公司的整体实力是相对较强的

图5-39　武汉健民主要指标分析图

像武汉健民这类唯一性（体外培育牛黄）强的个股，相比其他品种更容易成为市场炒作的噱头，再加上公司抗风险能力整体较强的优

势，无疑使其更容易得到资金的青睐，最终能够走出一轮大的行情也就不足为怪了。

案例三：科大讯飞

图 5-40、图 5-41 为科大讯飞基本走势情况。

科大讯飞在 2015 年全年最大涨幅达 2 倍，这与其在 A 股中的唯一性密切相关。

公司在智能语音及人工智能核心技术方面处于国内行业领先地位，尤其是中文语音识别具有国际领先地位。在 A 股中具有唯一性特征。

图 5-40 科大讯飞 2014 年 9 月 17 日至 2015 年 7 月 27 日日线图

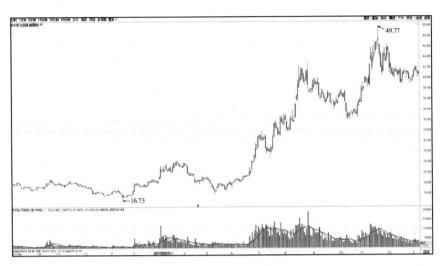

图 5-41　科大讯飞 2016 年 9 月至 2017 年 12 月日线图

　　除了维持原有核心技术的优势，公司还进一步加大了讯飞超脑计划的实施，总体水平与世界最前沿保持同步，牢固树立了科大讯飞在人工智能核心技术方面的领先优势。报告期内，讯飞超脑在语音合成、语音识别、纸笔考试自动阅卷、口语翻译、语义理解等方向取得显著的阶段性成果：在国际最高水平的语音合成比赛 Blizzard Challenge（暴风雪竞赛）中，荣获该竞赛 2006—2015 年十连冠；语音转写研制完成软硬件一体化的语音识别系统，使得 3 米以上远场语音识别效果达到近讲识别效果，同时针对人与人之间自由交流语音的识别正确率首次突破 85%；口语翻译技术在 NIST 机器翻译评测大赛中名列前茅，并在人工评价环节获得翻译结果可用性比例最高的优异成绩，中英即时翻译在"灵犀"软件中正式应用，并推出全球首款维汉口语即时翻译软件。讯飞超脑正在研发实现具有深层语言理解、知识表示推理、自主模仿学习等高级人工智能的智能系统，并且已经在智能教育、自动客服、人机交互等领域形成多个阶段性成果。在英文口语表达能力评测任务上，2015 年，讯飞系统已正式承担了广东英语口语高考的全部评分任务，同时最新研制的基于手写体识别的中英文作文自动评分技术，在全国英语四、六级考试及部分省份的中高考考试历史数据集合上验证均达到与人工评分高度吻合的水平，相关系统还在合肥、安庆的会考中进行了正式试用。

讯飞超脑的各项成果有望为公司各个业务方向打开全新的市场空间，促进建立以科大讯飞为核心的人工智能产业生态系统，为公司在智能语音及人工智能领域实现技术突破、聚拢优势资源奠定了坚实的基础。

绩优成长股集中的源地之三——创新能力强的公司

创新能力强的品种也是我们需要重点关注和挖掘的品种。21 世纪是一个注重创新的世纪，谁拥有了高创新能力谁就拥有了舞台，也就拥有了不断前行的动力。我国市场为何要实现经济转型，为何要发展战略性新型产业，很大程度上就是要提高我国的创新能力，多生产具有高附加值、更加环保、适应时代发展的产品，这样我们国家才有源源不断的前行的动力，这也是达到富国强民的重要途径。"科技创新是第一生产力"是永恒的真理，其重要性大家有目共睹。企业作为经济的主体，拥有创新能力强的品种无疑将会发挥经济领头羊的作用，同时也会得到政策或其他方面更多的支持，企业的壮大和持续发展也必然会得到很好的保证。所以对具有高创新能力的上市公司要高度重视，其在很大程度上将是牛股的诞生地。

具备高创新能力的品种的发展从长期来说是很有保证的，但这些品种中也会有相对的强弱，也会具有一定的时效性和阶段性。就阶段性而言，不同类别的品种的表现也将有很大的差别，对于这类产品要注意把握不同时间的侧重点。至于如何去区分和判断，就要根据市场大的发展脉络及政策导向把握了。要在这些创新能力强的品种中选择符合当下的政策导向的品种，踏准节奏，力争实现利润最大化。

我们来看看沪深股市中创新能力强的上市公司的股价的整体表现。

案例一：恒瑞医药

图5-42、图5-44为恒瑞医药的日K线走势图,整体保持稳步上行、重心不断上移的态势，其中的波动幅度对比大盘来说明显没有那么剧烈，也就是其独立性相对较强。大盘上涨的时候，其保持逐步上移的态势或出现阶段性小幅调整的走势；而当大盘大幅下跌的时候，其很可能并不会跟随着江河日下，一般下跌幅度相对较小。对比同期上证指数走势，恒瑞医药走势明显十分强势，如图5-43、图5-45所示。

关于阶段性牛股的调整规律，"吴国平操盘论道五部曲"中有详细的阐述，有兴趣的投资者可以找来一看。

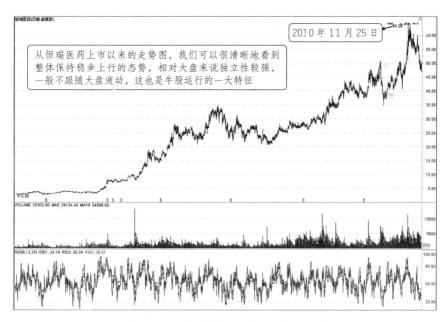

图 5-42 恒瑞医药上市以来日 K 线走势图

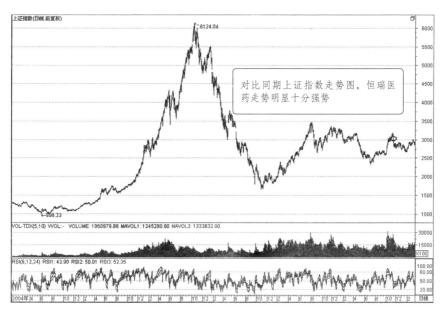

图 5-43 同期上证指数日线走势图

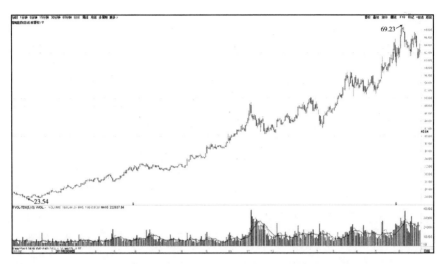

图 5-44　恒瑞医药 2016 年 12 月至 2018 年 6 月日 K 线走势图

图 5-45　同期上证指数日线走势图

【学习重点提炼】

恒瑞医药收入增速持续提升，研发费用高速增长的影响符合预期。从营业收入来看，公司增速延续了逐季提升的趋势，增速从2018年的25.9%进一步提升至2019年一季度的28.8%，进一步表明了公司在营销方面的业绩增长的可持续性。

这种独立性较强的个股能够成为过去长期走牛的个股，很大程度上与其强创新能力息息相关，这种能力为其持续发展提供了源源不断的动力，从而也为其过去长期走牛提供了支撑。

我们来看看其投资亮点，明白了以下这些后，对其能成为过去长期走牛的个股也就不会感到惊讶了。

◇国家"863"计划成果产业化基地，自主创新产品

该公司是国家"863"计划成果产业化基地，2008年共投入科研费用近2亿元。2008年，该公司的创新药卡曲沙星和艾瑞昔布结束临床研究，正申报生产；分子靶向抗肿瘤药物甲磺酸阿帕替尼获得Ⅱ、Ⅲ期临床批文，另有多个抗肿瘤、治疗高血压、治疗糖尿病以及增强免疫力的创新药正在进行临床或者即将申请临床。同年，该公司获得左亚叶酸钙等5个新药生产批件、5个临床批件，阿曲库铵被列入"国家火炬计划项目"，顺阿曲库铵入选"国家星火计划项目"，七氟烷被评为国家级重点新产品；全年获得专利授权14件，新提交中国专利14件、全球专利19件；公司创新药物孵化基地建设、药物研究开发技术平台建设（杂质检测和分离平台）、药物大品种技术改造（多西他赛）

以及 4 个创新药物的临床及临床前研究入选国家"重大新药创制"专项项目，在项目年度里将获得国家扶持资金 7200 万元。该公司在抗肿瘤药物与麻醉药等方面拥有强大的科研实力。

◇ 税收优惠

该公司被认定为江苏省 2008 年第二批高新技术企业，有限期三年，三年内享受所得税按 15% 征收的优惠。

◇ 医保概念

该公司生产的注射用奥沙利铂、多硒紫杉醇、加替沙星、苦参素等产品进入医保目录。

◇ 持续创新与国际化支撑该公司的"标杆"地位

"me-too"药物艾瑞昔布、"me-better"药物阿帕替尼、苹果酸法米替尼等一系列药品上市，以及伊立替康冻干粉针剂通过美国 FDA 认证等利好消息，有望不断拉升公司估值，股权激励的实施进一步完善公司治理。

公司具备如此耀眼的亮点，那么基本面情况是否真的如此？我们不妨看看其基本面的一些数据，如图 5-46。

【1.财务指标】
【主要财务指标】

指标\日期	2011-12-31	2010-12-31	2009-12-31	2008-12-31
净利润(万元)	87661.11	72417.33	66573.09	42294.71
净利润增长率(%)	21.05	8.77	57.40	1.97
净资产收益率(%)	20.75	21.38	25.53	21.21
资产负债比率(%)	9.12	10.80	11.13	10.20
净利润现金含量(%)	-5.12	39.74	48.38	-44.35

有如此高的净资产收益率，还有如此低的资产负债率，这样的公司确实少见，高稳健运行的同时保持高增长委实不易

图 5-46 恒瑞医药主要财务指标分析

由上可见，其基本面情况确实非常优秀，保持高净资产收益率的同时还能保持如此低的资产负债率、保持高稳健运行同时还能高增长的态势委实不易，其实这很大程度上也是得益于公司的高创新能力、高研发水平。

对于创新能力强的品种，平时要予以重点关注，只要公司本身保持这种持续的高创新能力，就具有长期投资的价值，整体来说跑赢大盘应是大概率事件，而且在熊市中能很好地发挥避风港的作用。对于资金仓位有最低底线要求的主力资金而言，该类股票也就能很好地发挥回避风险的作用，当然主力资金的这一行为在很大程度上也可避免此类个股出现江河日下的悲剧。关于避风港的相关运用，"吴国平操盘论道五部曲"中也有较为详细的阐述，有兴趣的读者可以找来一读。

案例二：科达机电

图 5-47、图 5-48 为科达机电（自 2014 年 5 月 5 日起，该公司股票简称由"科达机电"变更为"科达洁能"）日 K 线走势图，其处于强势上升的趋势当中，同期上涨幅度远远超过大盘走势。如此惊人的涨幅意味着其肯定有过人的一面，才能得到主力资金的厚爱，走出独立行情。那究竟是哪一点受到了主力资金的青睐？

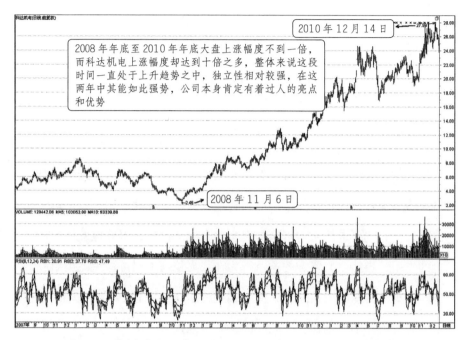

2008 年年底至 2010 年年底大盘上涨幅度不到一倍，而科达机电上涨幅度却达到十倍之多，整体来说这段时间一直处于上升趋势之中，独立性相对较强，在这两年中其能如此强势，公司本身肯定有着过人的亮点和优势

2010 年 12 月 14 日

2008 年 11 月 6 日

图 5-47　科达机电 2008 年 11 月 6 日至 2010 年 12 月 14 日日 K 线走势图

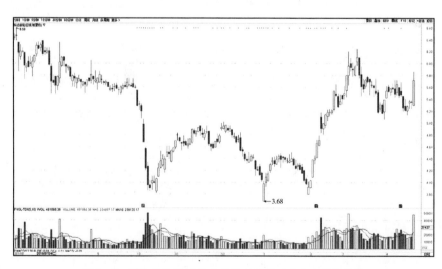

图 5-48　科达洁能 2018 年 7 月至 2019 年 4 月日 K 线走势图

【学习温馨小提示】

2018年10月，科达洁能宣布拟控股收购意大利的同行企业Welko，这一举动被视为国际化过程中的一个大动作。科达洁能董秘李跃进做客《证券时报》"e公司"微访谈时表示，这一举动一方面将获取欧洲先进的技术和工艺，为公司的技术水平和产品质量带来质的提升；另一方面公司将据此建立欧洲据点，推动公司核心建材机械产品切入欧美等发达国家市场。

总结出的公司亮点如下：

◇ 明显的行业技术优势

该公司设有"国家认定企业技术中心"及"广东省建材装备工程技术研究开发中心"，核心技术均为自主研发，拥有完全的自主知识产权，率先掌握了建筑陶瓷整厂整线装备的核心制造技术，且公司的主要技术属国内首创且达到国际先进水平。

◇ 自主技术创新工作不断取得重大突破

该公司通过加大研发资金投入、内部挖潜、产学研相结合的外部合作等一系列创新机制，自主技术创新工作不断取得重大突破。

从上述总结的公司亮点可以看出，该公司具有较强的科技创新能力，其主要技术已达到了国际先进水平，而且很多还是率先掌握，做到了先人一步。相信大家看到这一点后就会恍然大悟，其能出现强劲的走势也就不足为奇了。

当然，公司的创新能力强是一回事，强劲的创新能力能否转化为公司实实在在的业绩，即能否体现出来又是另一回事了。这也是我们需要关注的重点，毕竟只有转化为实际生产力才能产生效应，才能真正地体现出这种创新能力的价值。所以在关注和跟踪一些目标标的时，我们要将两者结合，毕竟谁都懂得粉饰自己，对于很多上市公司而言也是如此，它们尽量把好的一方面夸张一点地展现在投资者面前，总会有一些真真假假的成分在里面。业绩体现就是很好的试金石。光有华丽的外表而没有内在的支撑，所有的一切都不会走得远。

图 5-49 为科达机电的一些主要指标，其同比正增长的态势明显，不论是净利润、主营收入，还是净资产收益率都呈正增长，而且都达到了两位数的增长率，可以说是很优秀的。很明显，其强创新能力在业绩上得到了一定的体现，即名副其实，而不是徒有虚名，那么其最终能够有这样的走势也就很正常了。

★最新主要指标★	2010-09-30	2010-06-30	2010-03-31	2009-12-31	2009-09-30
每股收益(元)	0.3050	0.2050	0.0800	0.4010	0.2120
每股净资产(元)	2.3700	2.1900	2.0600	2.6900	2.4600
净资产收益率(%)	12.8048	9.3093	3.8200	14.7300	8.4900
总股本(亿股)	5.9838	5.9838	5.9838	4.5360	4.5360
实际流通A股(亿股)	5.9838	5.8967	5.8967	4.4690	4.4690
限售流通A股(亿股)		0.0870	0.0870	0.0670	0.0670

★最新公告:01-05刊登关于延期提交有关回复公告(详见后)
★最新报道:11-16华夏系基金重仓股科达机电(600499)遭机构近2亿"疯抢"(详见后)

★最新分红扩股和未来事项:
【分红】2010中期 中期利润不分配(决案)
【分红】2009年度 10转3派1(含税)(实施) 股权登记日:2010-03-08 除权除息日:2010-03-09
【增发】2010年度拟非公开发行股份数量约为45249380股。增发价格18.97元/股(预案) 增发对象:罗明照等三十三名恒力泰公司的自然人股东

★特别提醒:
★2010年报预约披露时间:2011-02-26

10-09-30 每股资本公积:0.350 主营收入(万元):153378.87同比增73.77%
10-09-30 每股未分利润:0.883 净利润(万元):18135.96同比增91.26%

公司的主要指标同比都保持正增长的态势，年净资产收益率都达到了两位数的增长率，可以说是很优秀的

图 5-49 科达机电的主要指标分析图

　　总之，不仅要重点关注具有高创新能力的标的，而且要结合其业绩去分析。如果再考虑一些形态和资金面，对个股的把握将更有感觉。

案例三：中科创达

　　图 5-50 为中科创达的日线图。在当时市值配售的 IPO 制度之前的最后一批 28 个新股中，中科创达最受市场追捧——上市后连续拉升21 个板增加了 7 倍（上市后直线涨幅前列）——一上市即给出 200 多亿市值，同一批新股中唯一开板后只回撤了 20% 就企稳的，而且开板后 8 个交易日便创了历史新高。这些都是因为中科创达超强的研发创新能力被市场认同。

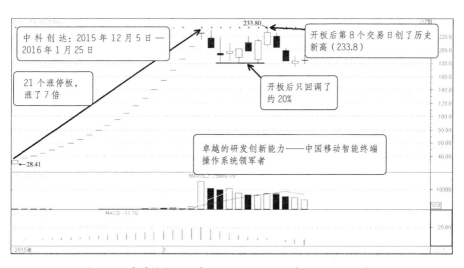

图 5-50　中科创达 2015 年 12 月 5 日至 2016 年 1 月 25 日日线图

　　中科创达是国内移动智能终端操作系统解决方案的领军供应商。公司主营业务为移动智能终端操作系统产品的研发、销售及提供相关技术服务。公司自成立以来，始终专注于移动智能终端操作领域的研发，形成了覆盖包括应用程序框架、底层架构技术、中间件技术、软硬件结合技术、元器件认证及图形图像处理等操作系统各层级综合技术优势，是国内 Android 环境软硬件综合解决方案供应商的领军企业。2014 年公司的移动智能终端服务业务全球占有率近 2%，公司营业收入从 2012 年的 2.52 亿元提升至 2019 年的 18.27 亿元，复合年均增长率达 32.71%。

公司具有极强的研发创新能力，超过 9 成员工隶属研发团队，公司与高通、Intel、TI、SONY、QNX、NXP 等分别运营了多个联合实验室，跟踪研发行业前沿技术，推动智能终端产业的技术发展。在"万物互联 + 人工智能 +5G"的趋势下，公司坚持以智能操作系统为核心，聚焦人工智能关键技术，深耕智能软件、智能网络汽车、智能物联网三大市场。

绩优成长股集中的源地之四——本身定价能力强或供需缺口大的品种

产品的竞争力在很大程度上体现的就是公司的竞争力，公司盈利要建立在产品良好的销售基础上。当然，良好的销售是一方面，销售的净利润空间大又是另一方面。有些公司可以靠薄利多销产生巨大的利润，例如全球零售商巨头沃尔玛就是一个很好的例子；有些公司则在产品销售净利润上下功夫，当然这也可能与产品相对珍贵、稀缺，主要靠天然提取无法实现人工的规模化生产等原因有关，这种产品供需缺口过大，产品供不应求，那么出现提价的现象就很正常了。尤其是那些本身具有定价权的公司，其获利空间相对会更大，公司利润能够得到很大程度的保证，同时由于公司本身定价的灵活性，自然也不易受经济波动周期的影响。有了良好的业绩支撑和利润保证，其股价在二级市场上自然就会有不错的表现，走出牛股的可能性也会大很多。

所以上市公司中本身定价能力强的品种容易受到主力资金的青睐，我们平时要对这类个股给予重点关注，当然也要懂得弄清楚其中更深层次的原因。比如,定价能力强存在很多的原因,可以是产品稀缺、行业垄断,还可能是政策方面影响。原因不同,定价权对公司造成的影响也不同,对公司业绩也会存在不同的影响。对于这些深层次的原因,我们在关注一些品种时需要更深入地研究。

我们来看看有此类特性的个股走牛的案例。

案例一: 东阿阿胶

图 5-51 为东阿阿胶（000423）周线走势图，该股在短短的时间里涨幅惊人，尤其是 2010 年与 2011 年的走势明显强于大盘，其之所以如此强势，肯定存在其本身的原因，对此我们予以重点分析。

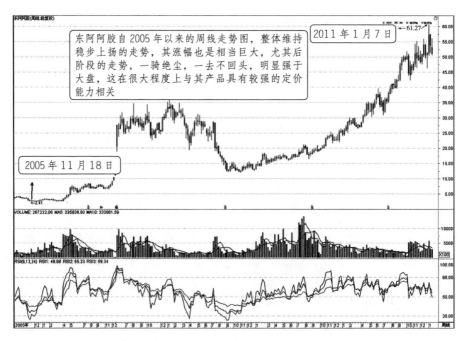

东阿阿胶自2005年以来的周线走势图，整体维持稳步上扬的走势，其涨幅也是相当巨大，尤其后阶段的走势，一骑绝尘，一去不回头，明显强于大盘，这在很大程度上与其产品具有较强的定价能力相关

2011年1月7日

2005年11月18日

图5-51　东阿阿胶2005年11月18日至2011年1月7日周线走势图

阿胶被称为"药中茅台"，总的来说，东阿阿胶具有资源优势、持续提价的驱动力及旺盛的需求。东阿阿胶的具体优势如下：

◇资源优势

根据2010年的中银国际的研报，东阿阿胶是国内最大的阿胶产品生产企业，阿胶年产量、出口量约占全国的75%和90%，定价权凸显，但仍有同仁堂、福胶集团以及众多中小生产商的阿胶块产品在市场销售。当时，该公司已在全国布局13个驴养殖基地，基地主要起示范、驴种培育、收购等作用，同时该公司还从非洲、澳大利亚、南美等地进口，进口量占该公司总需求的10%左右。该公司在驴皮资源方面具有全面优势。

◇持续提价促进业绩增长

该公司阿胶块出厂价提价频繁，2009 年分别于 1 月、5 月、10 月进行了 3 次提价，环比增幅分别为 31%、5% 和 10%。2010 年相对上一年全年整体提价了 50% 以上，主要原因为：一是阿胶价值的回归，二是供需矛盾和通胀预期共振的结果。

◇阿胶与人参、鹿茸并称"滋补三宝"

阿胶的价格已比 2006 年提升了不少，且还会有很大提升空间，理由如下：

第一，由山东省物价局审核价格，与一般商品类似，因而基本不存在管理部门的价格压制，持续的缓慢提价不会受到管理部门方面的阻力。

第二，资源有限，需求旺盛，供需矛盾导致价格提升。从销量来看，每年变化不大，采用提价保量的策略。从每次提价的效果来看，消费者还是可以接受的，公司将把阿胶打造成为高端滋补品。

第三，出厂价、终端价和最高零售价之间还有很大价差。但具体提价的频率和幅度取决于消费者对价格的接受程度，阿胶可以持续提价。

看了上述总结的投资亮点，相信大家对其股价能够大幅上涨不会感到惊讶了。首先，阿胶本身具有很高的中药价值，被称为"药中茅台"，相比许多产品药用价值要高出一等；而且还具有资源优势，可以说同类上市公司难以与其媲美；最重要的是该产品具有持续的提价动力，而且也容易被消费者接受。总之，阿胶有天然优势，同时该公司本身具有较强的定价能力，再加上易被消费者接受，因此得到了主力资金的青睐。

如图5-52所示，我们来看看这些优势是否带来业绩上的大幅提升。

★最新主要指标★	2010-09-30	2010-06-30	2010-03-31	2009-12-31	2009-09-30
每股收益(元)	0.6422	0.4665	0.2553	0.6784	0.3700
每股净资产(元)	3.950	4.1210	3.9100	3.6500	3.4300
净资产收益率(%)	16.2715	11.3197	6.5323	16.4100	10.7700
总股本(亿股)	6.5402	6.54 2	6.5402	6.5402	6.5402
实际流通A股(亿股)	6.5378	6.5378	5.3269	5.3269	5.0242
限售流通股(亿股)	-	-	1.2108	1.2108	1.5135
暂锁定人民币普通股(亿股)	0.0024	0.0024	0.0025	0.0025	0.0025

★最新公告:01-06刊登产品出厂价格调整公告(详见后)
★最新报道:01-18携手东阿阿胶(000423)通灵客公司推新商业模式(详见后)
★2010-12-28大宗交易:000423东阿阿胶 成交数量:7.00万股,成交金额:302.75万元

★最新分红扩股和未来事项:
【分红】2010中期 中期利润不分配(决案)
【分红】2009年度 10派3.5(含税)(实施) 股权登记日:2010-07-22 除权除息日:2010-07-23

★特别提醒:
★2010年报预约披露时间:2011-04-12

10-09-30 每股资本公积:1.055 主营收入(万元):177645.15同比增22.80%
10-09-30 每股未分利润:1.556 净利润(万元):42000.86同比增73.62%

很明显，相比2009年第三季度，2010年第三季度同期的每股收益和净资产都出现大幅增长，2010年第三季度就达到16%的净资产收益率，这无疑是非常优秀的了

图5-52 东阿阿胶2010年第三季度与2009年第三季度业绩对比分析图

无疑，2010年该公司的业绩整体上得到了明显提升，这与其多次提价带来的利润贡献息息相关，持续提价促进了业绩增长，所以，一定要重点关注这种具有较强定价能力的公司。

案例二：片仔癀

图5-53、图5-54为片仔癀的周K线走势图，其在二级市场上拥有出色的表现，很大程度上也是由本身产品的价格上涨所驱动的。

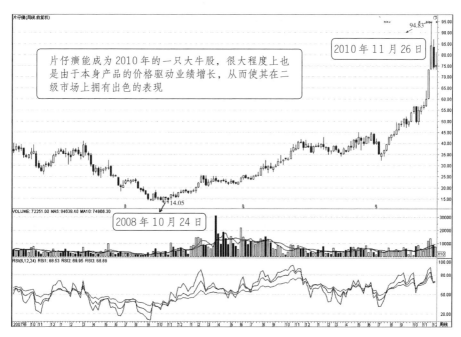

图 5-53　片仔癀 2008 年 10 月 24 日至 2010 年 11 月 26 日周 K 线走势图

图 5-54　片仔癀 2017 年 11 月至 2019 年 4 月周 K 线走势图

【学习温馨小提示】

据 2018 年年报可知，片仔癀的主营业务营业收入在该年度的医药工业、医药商业、日用品及化妆品方面分别比上年上升了 28.45%、

23.82%、56.71%。毛利率方面也是只增不减，持续向好。产品研发方面，该年度公司研发投入总额较上年增加3090.99万元，研发投入占营业收入比例为2.12%。公司未来基本面持续向好。

◇提价因素长期存在，未来仍有较大升值空间

片仔癀产品的主要原料包括麝香、三七、蛇胆和牛黄，均属稀缺资源，其中，麝香、蛇胆的出售单位及数量需取得国家林业主管部门行政许可，其他如天然牛黄、三七等产量与需求缺口持续扩大，而片仔癀凭借品质优势一直深受国内外市场青睐。由于原料缺口形成的产量瓶颈和市场旺盛的需求推动，产品稀缺性将长期存在。随着消费者的收入提高和消费水平升级，未来价格上涨空间将持续扩展。

◇产品高端路线趋势显现，未来调价频率有加快预期

根据市场形势，该公司建立了VIP会员客户的营销模式，并获得良好反响，在稳定销售的同时也显示出该公司将片仔癀定位为高端产品甚至奢侈品的战略意图。在此战略下，未来产品提价频率将很可能加快。2010年，该公司决定签署有效期为10年（自2011年1月1日起至2020年12月31日止）的境外总经销协议，在有效期内每年签署《年度销售协议书》附件，约定销售价格和数量。这一行动也体现了上述构想。而境内价格在原料价格、消费水平和供需缺口的共同作用下，有再次调整的可能。

◇价格调整，未来业绩有望超出预期

该公司上次境内和境外产品价格调整在2017年，2017年5月提

升国内零售价 30 元、2017 年 7 月提升海外零售价不到 3 美元。2020
年年初提价，对该公司业绩形成巨大驱动力。片仔癀销售收入占该公
司医药制造业务的 85% 左右，提价后该公司内销价格达到 590 元 / 粒，
国内供应价格相应上调 40 元 / 粒，海外市场供应价格上调约 5.80 美
元 / 粒。此次国内终端提价幅度 11.3%，超出 2016 年（8.7%）和 2017
年（6%）的幅度。受此影响，片仔癀系列药妆产品未来也存在小幅提
价的可能，该公司后期的利润收益将显著增加。

案例三：贵州茅台

图 5-55、图 5-57 为贵州茅台周线走势图。

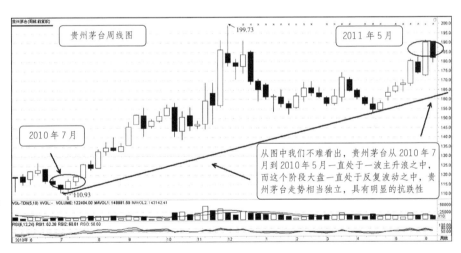

图 5-55　贵州茅台 2010 年 7 月至 2011 年 5 月周线走势图

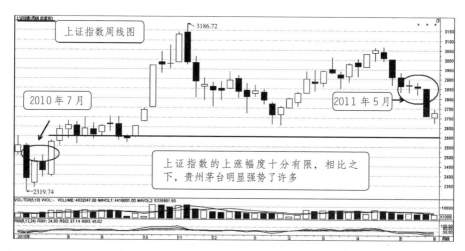

图 5-56　上证指数 2010 年 7 月至 2011 年 5 月周线走势图

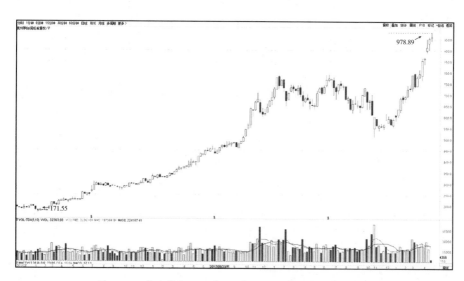

图 5-57　贵州茅台 2015 年 12 月至 2019 年 4 月周线走势图

图 5-58 上证指数 2015 年 12 月至 2019 年 4 月周线走势图

【学习重点提炼】

对比上证指数2015年12月至 2019年4月期间的涨幅，贵州茅台的走势可谓一直强势，涨幅达到了470.61%。

从图中我们看到，贵州茅台从 2010 年 7 月到 2011 年 5 月，以及从 2015 年 12 月到 2019 年 4 月一直处于一波上升的主升浪之中。这两个阶段的大盘（如图 5-56、图 5-58）一直处于反复波动中，相比之下，贵州茅台的走势相当独立，不随大盘波动而波动。

从图 5-59 公司主要财务指标来看，公司每年的增长动力非常强劲，而且经营的风险也控制在非常低的水平，就基本面来说已处于非常优秀的水平。作为高档白酒的龙头，贵州茅台一直占领着白酒行业的制高点，其产品在市场上已经形成供不应求的局面，公司在高档白酒产品中有着相当强的产品定价权。这样在市场上有着产品定价权的公司，也应当是值得我们重点关注的对象。

【1.财务指标】
【主要财务指标】

指标\日期	2011-12-31	2010-12-31	2009-12-31	2008-12-31
净利润(万元)	876314.59	505119.42	431244.61	379948.06
净利润增长率(%)	73.49	17.13	13.50	34.22
净资产收益率(%)	35.06	27.45	29.81	33.79
资产负债比率(%)	27.12	27.50	25.88	26.98
净利润现金含量(%)	115.81	122.77	97.95	138.11

贵州茅台年度净资产收益率超过20%，同时资产负债率较低

图 5-59 贵州茅台主要财务指标分析图

绩优成长股集中的源地之五——稀缺产品

所谓稀缺产品，就是利用地球上越来越少、不可再生或者再生速度赶不上人类需求、价值越来越高的资源生产出的产品。稀缺性在很大程度上就是由于其本身的不可再生性或供不应求性，从而显得尤为珍贵，"物以稀为贵"就是这个道理。此类品种缘何容易诞生牛股，相信不难理解，当然，也要懂得辩证地看待稀缺性。一般来说，由于本身不可再生而导致稀缺的这类产品更加珍贵，这种稀缺性一时或永久都不会发生改变，而由于其他原因导致的稀缺性则是一时的，可能并不代表永远稀缺，可以通过如技术创新、科技进步等方式达到平凡不再稀缺的效果。所以对当下的稀缺产品要懂得分析其到底属于哪一性质的稀缺，也就是说，对于拥有这些稀缺产品的上市公司，稀缺性的性质很可能决定其长远发展，与其能否长期走牛有着很大的关系。但不管怎么样，总体来说，产品具有稀缺性的上市公司出现牛股的概率会相对较大，不管是长期走牛也好，阶段性行情也罢，机会都会相对

大于一般个股。

接下来我们来看看因稀缺性而走牛的品种。

案例一：包钢稀土

图5-60为包钢稀土周线走势图，图5-61为北方稀土周线走势图，其2009年、2010年的走势让人大开眼界，它能如此走牛的底牌就是它的产品属于稀缺资源，借助国家稀土管制政策出台的契机，走出了一轮波澜壮阔的大牛行情。这些稀缺资源一方面属于不可再生资源，另一方面又受到了国家政策的管制，两者形成合力后，也就使其具备了巨大的想象空间，高了可以再高也不过分，这就是主力资金运作的底牌。当然，阶段性而言，涨多了，主力资金本身也存在套现的欲望，出现阶段性调整则不可避免。

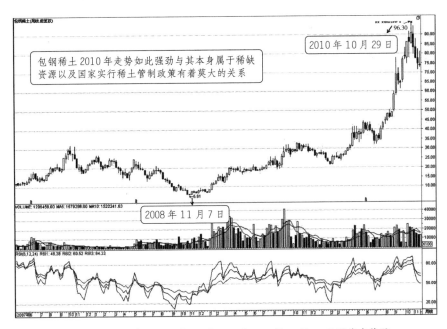

图5-60　包钢稀土2008年11月7日至2010年10月29日周线走势图

当然，其能够如此强劲肯定少不了业绩的支撑，本身肯定也是存在不少亮点的，这样才能具备如此走牛的魅力，如果只靠题材或政策上的利好，是不可能走这么远的。

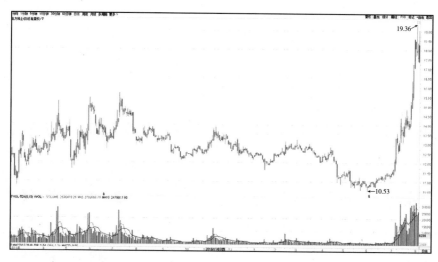

图 5-61　北方稀土 2016 年 2 月至 2017 年 8 月周线走势图

【学习重点提炼】

根据北方稀土2017年的半年报可知，营业收入较上年同期增加83.74%，达到了40.75亿元，销售费用增长21.63%，营业成本也随之提升90.87%，研发支出上升16.12%。整体来说，公司通过在生产经营、营销创新等方面不断精进，业绩水平位居行业前列。

受国务院出台《国务院关于促进企业兼并重组的意见》〔2010年〕的影响，稀土整合开启，稀土将兼并重组，首次晋级国家战略。截至2010年包钢稀土已经建设完成了 6 个稀土储备库，其中最小储备量也有 5000 ~ 6000 吨，主要用于储备稀土原料和稀土产品，促稀土矿重回真实价格。这是其爆发的契机。

而其本身存在的亮点是基石，包括以下几点：

◇ 得天独厚的资源优势

该公司以开发利用世界上稀土储量最丰富的白云鄂博稀土资源为主要业务，拥有得天独厚的资源优势。

◇ 我国稀土行业的龙头企业

该公司已经形成了完善的稀土产业发展格局，拥有从稀土选矿、冶炼、分离、科研、深加工到应用的完整产业链条，是中国乃至世界上最大的稀土产业基地，是我国稀土行业的龙头企业。

◇ 组建内蒙古包钢稀土国际贸易有限公司

该公司联合部分子公司及其他企业组建了内蒙古包钢稀土国际贸易有限公司，对以白云鄂博矿为原料的稀土氧化物、稀土金属实施统一收购、定向销售，进一步延伸了公司对稀土行业的资源控制力，对该公司及整个北方稀土行业的发展将产生重要影响。

◇ 政策优势

国家出台的《汽车产业振兴规划》及其他节能减排的政策，将为公司的钕铁硼、贮氢合金粉、荧光级氧化铕等产业链提供进一步的发展壮大空间。

图 5-62 为其主要财务状况。

【1.财务指标】
【主要财务指标】

指标\日期	2011-03-31	2010-12-31	2009-12-31	2008-12-31
净利润(万元)	48386.30	75073.88	5576.81	16913.43
净利润增长率(%)	276.96	1246.17	-66.62	-45.11
净资产收益率(%)	16.65	31.07	3.29	10.33
资产负债比率(%)	48.71	51.40	61.38	61.65
净利润现金含量(%)	129.62	125.67	-354.81	-122.19

从2010年第四季度和2011年第一季度这两个季度的财务指标来看，财务状况相比前期发生了明显的改善，很明显这与国家政策以及稀土重新定位大幅提价所带来的影响不无关系

图 5-62　包钢稀土主要财务指标分析图

本身的稀缺性、国家政策的支持、稀土大幅提价以及具有直接定价权的能力，无疑给公司带来了爆发的契机。

案例二：西藏药业

图 5-63 为西藏药业的日 K 线走势图。

从图中我们可以看到，西藏药业虽然涨幅不算太大，但是其走势相比大盘较为独立且具有明显的抵抗性。

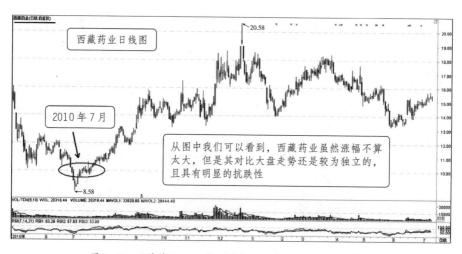

图 5-63　西藏药业 2010 年 7 月至 2011 年 6 月日 K 线走势图

西藏药业的基本面存在的亮点是其走强的基础：

◇具备独一无二的优势和特点

公司具备世界上独一无二的丰富的藏药资源，西藏特殊的高原气候（平均海拔高、太阳辐射强、昼夜温差大）赋予藏药成分特殊、药力强效、天然环保等特点。主导产品诺迪康系列药品作为西藏政府的扶持重点，具有疗效好并可替代进口等明显优势。

◇政策优势

支持西藏医药事业发展的《国家中医药管理局关于支持西藏自治区藏医药事业发展的意见》出台，《意见》提出九项重点任务来发展藏医药事业。西藏药业作为西藏雪域高原上诞生的第一家高新技术制药上市企业，明显受益于《意见》的出台，公司股票因此强势涨停。作为四大民族医药之一的藏药，目前正面临着资源稀缺、科技水平落后等诸多不利因素。因此，早在2011年年初召开的西藏两会上，就有关于支持藏药产业发展的提案。此《意见》出台，相关上市公司将借力政策扶持充分获益。公司作为西藏医药行业的上市公司龙头，其发展值得期待。

图5-64显示了西藏药业的主要财务状况。

【1.财务指标】
【主要财务指标】

指标\日期	2011-12-31	2010-12-31	2009-12-31	2008-12-31
净利润(万元)	2051.43	2355.66	2020.32	648.63
净利润增长率(%)	-12.91	16.59	211.47	105.18
净资产收益率(%)	6.03	7.37	6.83	2.35
资产负债比率(%)	54.95	55.92	59.66	66.35
净利润现金含量(%)	281.69	-103.12	251.37	-586.90

净利润增长率并不高，有时还出现负增长，同时资产负债率也在50%之上，从这些来看，公司的基本面仍存在一定的问题

图5-64 西藏药业主要财务指标分析图

从上述亮点我们可以知道，西藏药业拥有世界上独一无二的丰富的藏药资源，因其处于特殊高原气候区，藏药具有成分特殊、药力强效、天然环保等特点，加之公司处于我国西藏，容易受到区域题材的炒作。结合以上几点可知，西藏药业因其独特的藏药资源以及特殊的地理位置，相当容易受到市场资金关注。但其基本面情况表现一般，短期而言，可能受益于稀缺性或区域性等概念的炒作，但就中长期走势而言，我们仍需关注其基本面的改善情况。

绩优成长股集中的源地之六——行业或细分领域的龙头品种

行业龙头和细分领域的龙头品种也是牛股辈出地，阶段性行情出现的概率也会较一般的大。其中的原因并不难理解，龙头品种或细分行业的龙头本身就是一个行业的领航者，作为行业的老大哥，整体实力较强应没什么悬念，就从这一点来看，也能够受到资金的青睐或很容易成为主力选股的对象。同时从市场发展的特征来看，板块轮动是市场中再正常不过的现象，主力资金发动每一轮行情一般都会先从局部下手，以此为导火线从点到面再全面开花，这个点一般来说可以是一个板块或某个题材，我们常常看到一个大行情的爆发通常都有一个领航者或强势持续的热点也就是这个道理。如果仔细分析的话，我们可以看到每个强势持续的热点内必有一个或几个领头羊品种，其他的则跟随这几个强势品种，看它们的脸色行事。这是主力资金惯用的一个手法，就是抓住一些能够牵一发而动全身的品种，从而达到激活整个盘面的效果。那么哪些品种可以起到牵一发而动全身的作用呢？行业龙头或细分领域的龙头品种无疑能够起到这样的领袖作用，市场也喜欢在这些品种上下功夫，从而达到牵一发而动全身的效果。不论是结构性行情，还是普涨的大行情，这一点都很实用。对于平时没有留意的投资者而言，可以细心去体会市场的这种发展脉络。

案例一：晋亿实业

图 5-65 为晋亿实业周线走势图，2010 年可以说整个大盘处于震荡下跌的状态，而晋亿实业却走出了一波逆势而为的独立上涨行情，究竟是什么原因使其得到了众多资金的青睐？这一点正是我们探讨的重点，同时也是一个思路，结果背后的原因就是我们所要掌握的思路。

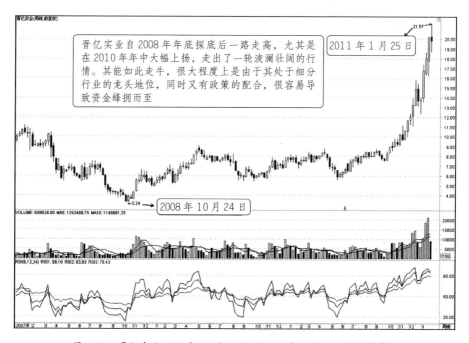

图 5-65 晋亿实业 2008 年 10 月 24 日至 2011 年 1 月 25 日周线走势图

晋亿实业本身的基本面情况：

◇ 国内紧固件生产龙头

该公司是国内紧固件行业的龙头企业，并经国家商务部批准设立了紧固件研发中心。该公司业务发展迅速，2006 年度实现销售收入12.77 亿元，综合效益在同行业中名列前茅。当时，国内紧固件生产企业真正上规模上档次的有 200 家左右，在紧固件销售收入十强企业中，该公司排名第二。2007 年该公司累计投资近 2 亿元，完成高铁扣件全套生产线，业已形成年产 800 万套高铁扣件的生产能力。

◇ 规模品种优势

该公司规模经济优势明显，2007 年母公司完成销售产量 21.2 万吨，同比增长 4%，其中内销销售 13.24 万吨，同比增长 34%，外销销售 7.96 万吨，在同行业中处于领先地位。该公司产品配套齐全，产品已形成通用紧固件系列、铁路系列、钢结构系列、公路系列、电力系列、汽车系列等各种系列，品种规格达两万余种，该公司已发展成为紧固件行业的"超级市场"，可最大限度地满足客户的多品种采购需求。

◇ 行业前景

随着我国国民经济的快速发展和作为世界制造业中心的地位越来越突出，以及国家对高速铁路、电网改造等重大项目的大规模投入，国内紧固件产品的市场容量也随之出现较大的增长空间，这为该公司未来扩大经营规模提供了广阔的发展空间。2007 年，我国紧固件行业的总产量已经达到 525 万吨，同比增长了 14%；出口总量达到 257 万吨，同比增长了 24%。

根据上述基本面亮点的总结情况，我们可以看到其当时的走势如此强劲主要得益于以下两点：一是该公司处于细分行业的龙头地位——国内紧固件生产龙头；二是行业发展契机的到来，高速铁路正驶入快速发展轨道。2010年12月7日，时任国务院副总理张德江在第七届世界高速铁路大会上表示，政府已将高速铁路作为优先发展的战略性新兴产业，今后将在财政投入、建设用地、技术创新、经营环境等方面加大支持力度。值得一提的是，第七届世界高速铁路大会是首次在欧洲以外的国家举办。

这样的行业背景为晋亿实业带来的契机有以下几点：

晋亿实业成为继时代新材后第二波受益于高铁重载铁路需求的公司。该公司实施的产品结构调整和转型升级已经取得了明显的效果，铁路扣件和汽车紧固件毛利率较高将带动公司综合毛利率上升、公司营业收入增长和整体盈利能力大幅提升。2012年以来，我国铁路事业实现大发展，货运重载线路里程大幅增加为该公司铁路扣件带来持续发展潜力。

汽车紧固件业务破冰丰富了该公司产品向高端产品转移的路径。该公司的汽车紧固件产品从很早之前就开始培育，2010年，可以批量供货的产品规格达到3000个，随着与主机厂合作的深入，预计之后还可新增500～600个产品规格。

行业地位显赫、良好的发展契机，该公司具备了把握机会的能力，国家支持高铁建设政策的出台将会成为其爆发的导火索。对于喜欢追逐题材炒作的我国市场来说，晋亿实业无疑会成为资金蜂拥而至的对象，走出一轮波澜壮阔的行情也就不足为奇了。

案例二：东方雨虹

图 5-66 为东方雨虹的日 K 线走势图，整体保持震荡走高的态势。其缘何能够脱颖而出成为阶段性的牛股，值得我们一探究竟。

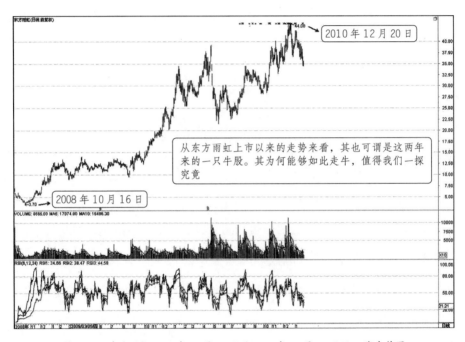

图 5-66　东方雨虹 2008 年 10 月 16 日至 2010 年 12 月 20 日日 K 线走势图

以下为东方雨虹的一些基本面亮点：

◇建筑防水材料行业的龙头，市场份额仍有较大的提升空间

该公司是国内第一家在 A 股上市的建筑防水材料公司，收入规模远超同行，但是防水材料行业的市场集中度不高。从行业的发展来看，2005—2009 年新型防水材料产量的复合增长率高达 22%。随着房屋

防水和基础设施防水越来越受到重视，该公司仍将有较大的成长空间。

◇竞争优势明显，成长性突出

虽然建筑防水成本占建筑总成本的比重一般不超过3%，但由于防水是建筑质量控制中很重要的一环，而且防水维修成本远大于初始成本，所以业主对防水施工和材料的质量要求很高，一些重点工程和重大基础设施项目更是如此。该公司曾承接了人民大会堂、中央储备粮库、奥运世博工程、京沪高铁等一大批重点工程，拥有行业中首个国家级技术中心，品牌和技术实力明显。该公司上市以来成长性突出，2005—2009年收入和利润的复合增长率分别为48%和47%。另外，该公司的销售网络遍布全国，这让该公司2012年和2013年的净利润都保持80%以上的高增长。

◇盈利能力呈环比上升趋势

2010年上半年，原材料成本的大幅上涨给公司毛利率造成较大的负面影响，上半年综合毛利率下降至24.39%，同比下滑17%。该公司在4月初已经根据成本上升幅度进行了相应的调价，但由于之前签订的订单价格无法调整，所以调价对于毛利率的影响将在第二、三季度中逐渐体现来。从第三季度单季的情况来看，毛利率为27.53%，净利率为7.46%，已经恢复至正常水平。第四季度毛利率环比进一步提升。2011年由于基数原因，其盈利能力好于2010年（在原材料价格不再大幅上涨的条件下）。

从上述公司亮点的总结来看，其作为建筑防水材料行业的绝对龙头，更容易得到资金的青睐是不争的事实，那两年能大幅走高也就不足为奇了。

案例三：格力电器

图 5-67 为格力电器阶段性日线走势图。

图 5-67　格力电器 2010 年 7 月至 2011 年 3 月日 K 线走势图

从格力电器的日 K 线图来看，其股价不断创出了新高，阶段性强势特征明显。

下面我们来看一下其当时基本面的亮点：

◇全球最大的专业化空调生产企业

格力电器是目前全球最大的专业化空调生产企业，其中央空调不仅是新的利润增长点，而且行业发展空间巨大。公司在中央空调领域坚持自主研发，目前已经突破了日美企业分别垄断的多联机和离心机核心技术，具备了将龙头地位从家用空调领域复制到竞争格局更为国际化的中央空调领域的条件，公司的净利率在稳定的市场格局中不断上升。空调行业竞争格局稳定，作为优势地位确立的行业龙头，格力电器公司净利率水平保持稳定的上升趋势。公司的发展战略清晰，不做美的这样横向扩张的综合家电企业，而是做专业的制冷龙头。这一战略在国内制冷行业巨大的发展空间下，能保证公司在较高利润率水平下实现较快且确定性较高的增长。

◇公司寡头垄断地位进一步得到巩固

在全球经济复苏和以旧换新等各种利好因素的共同刺激下，当时公司空调市场占有率为 27.9%，继续保持行业第一的位置，国内市场占有率更达到了 36%，而公司在国内的零售市场份额为 26.7%，两者之间的差异显示出公司在三四级市场的优势。作为我国空调行业的龙头，公司寡头垄断的地位进一步得到巩固。

从上面的亮点我们可以看出，作为家电行业的子行业——全国乃至全球空调行业中的龙头，格力电器相比其他企业更容易吸引市场上主力资金的眼球，那么格力电器股价的强势就不难解释了。

还有很多作为龙头产品而走牛的例子，在此就不再一一列举。当然也有很多龙头品种并不会有如此走势，但我们需要认清的是，市场本身没有绝对，更多的是概率的问题，我们要做的就是懂得把握一些大概率的机会，寻找一些具备机会的品种。总体来说，这类个股能够走牛的概率会相对大很多，毕竟其本身的市场地位就已经决定了其更容易受到主力资金的关注，走牛的概率自然也就相对较大了。

案例四：山河药辅

2015 年 9 月，股灾之后的山河药辅领涨次新股，迅速增长 2 倍，接近历史新高，其如此活跃，在基本面上主要因其是细分领域龙头，这给资金的追捧提供了理由。

该公司是致力于新型口服固体制剂药用辅料的民营企业：公司前身淮南山河药用辅料有限公司，致力于口服固体制剂药用辅料的生产、研发与销售，包括微晶纤维素（填充、助流等功能）、羟丙纤维素（崩解、促溶等功能）、羧甲淀粉钠（崩解、助悬等功能）、硬脂酸镁（润滑、助流等功能）等 21 个品种、40 余个规格的主要产品。

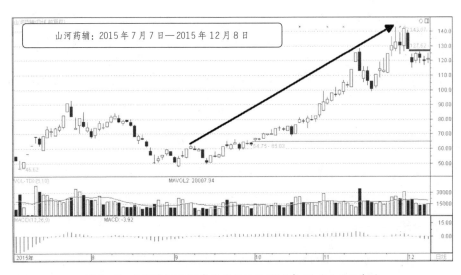

图 5-68　山河药辅 2015 年 7 月 7 日至 2015 年 12 月 8 日日线图

固体制剂药用辅料领跑者，微晶纤维素、低取代羟丙纤维素、羟丙甲纤维素等产品潜力巨大。公司为国内排名前列的固体制剂药用辅料生产企业，核心产品包括微晶纤维素、羟丙纤维素、羧甲淀粉钠、硬脂酸镁、羟丙甲纤维素、交联羧甲基纤维素钠等。其中微晶纤维素是国际上较为成熟的填充剂与助流剂，未来市场空间广阔。

操
盘
手
记

突破口与一根稻草的关系

甲：抓到突破口很关键。

乙：为何这样说？

甲：举个例子，当谷歌宣布可能要退出中国市场的时候，就有人抓住了这个突破口，适时推出"谷姐"来抢眼球，而且成功了（这里姑且不论是否属于侵权等，至少在找突破口的思路上是对的）。

乙：嗯，确实如此，有时候突破口出现，机会也会稍纵即逝，对吧？

甲：是啊，正如对股票机会的把握一样，有时候市场给了我们突破口——给你吃进的机会，但若没勇气去把握或因其他原因而没把握住，机会也就这样稍纵即逝了。

乙：这点我感受颇深，而且在操作上经常犯这样的错误。

甲：所以抓住突破口很关键。

乙：那如何才能做到呢？

甲：高度集中精力思考和研究，看透才能抓到突破口。很多人面对一件事情时往往将思维停留在表面或者面对股票市场出现的机会时也只停留在表面上思考，试问这样怎么能够抓住突破口呢？

乙：确实如此，想想过去，如果能够稍微深入些，真正做到高度集中精力思考和研究，还怕抓不住突破口吗？至少不会错过那么多，这是可以肯定的。

甲：对，有时候其实就差一两步而已。

乙：哈哈……

挖掘突破口需要深入地思考，有时候可能只需要我们的思维再深入一点点。

生活中或工作上千万别不屑深入那么一点点，很多时候，因为那点区别，结果会大相径庭。多放一根稻草就可以压死一头骆驼，从某个层面来说，表达的不正是这样的意思吗？要抓住突破口，有时候就是那么一根稻草的问题。

说　明

　　吴国平老师为将理论讲解和实战相结合，在本书中运用了大量的实际案例，对读者透过现象看本质、洞悉主力思维、构建属于自己的盈利系统具有积极的指导意义。

　　股票市场千变万化，虽然书中部分的案例信息已经变化或调整，但万变不离其宗。本系列书根植于吴国平老师对股票市场多年的研究，其中的方法与经验永远值得我们学习和参考。